Leistungsbild und Honorierung

Nr. 28

Fachingenieurleistungen für die Fassadentechnik

Stand: August 2025

erarbeitet von der
AHO-Fachkommission „Fassadenplanung“

4., vollständig überarbeitete und erweiterte Auflage

Ausschuss der Verbände und Kammern
der Ingenieure und Architekten
für die Honorarordnung e.V.

Reguvis

Kooperationspartner des
Bundesanzeiger Verlages

Bibliografische Information der Deutschen Bibliothek
Die Deutsche Bibliothek verzeichnet diese Publikation in der Deutschen Nationalbibliografie; detaillierte bibliografische Daten sind im Internet über: http://dnb.ddb.de abrufbar.

Herausgeber: AHO e.V.
Tauentzienstraße 18
10789 Berlin
Telefon: (030) 31 01 917-0
Telefax: (030) 31 01 917-11
E-Mail: aho@aho.de

Redaktionelle Bearbeitung: AHO-Fachkommission „Fassadenplanung"

Dieses Heft erscheint im Rahmen der AHO-Schriftenreihe. Alle Hefte der AHO-Schriftenreihe erscheinen als unverbindliche Praxishilfen zur Leistungsbeschreibung und Honorarkalkulation. Die Inhalte dienen der Orientierung und entfalten keinerlei rechtliche Bindungswirkung. Die geschuldeten Planungsleistungen und deren Honorierung bestimmen sich ausschließlich nach der vertraglichen Vereinbarung im Einzelfall.

ISBN 978-3-8462-1627-9
4., vollständig überarbeitete und erweiterte Auflage August 2025
1. Auflage März 2012

Printed in Germany

Mitglieder der AHO-Fachkommission „Fassadenplanung"

Dipl.-Ing. Hans-H. Zimmermann (Leiter der Fachkommission)	IGF Ingenieurgesellschaft für Fassadentechnik und Bauphysik, Mülheim an der Ruhr
Dipl.-Ing. Rainer Fuchs	Ingenieur- und Sachverständigenbüro für Fenster und Fassaden, München
RA Ronny Herholz	Geschäftsführer des AHO e.V., Berlin
Dipl.-Ing. Christoph van Heyden	PBI Entwicklung innovativer Fassaden GmbH, Wertingen
Prof. Dipl.-Ing. Michael Lange	Prof. Michael Lange Ingenieurgesellschaft mbH, Hannover
Dipl.-Ing. Steffi Neubert	Emmer Pfenniger Partner AG, Münchenstein, Schweiz
Dipl.-Ing. Ralf Rache	Rache Engineering GmbH, Aachen
Dipl.-Ing. Werner Roll	Mosbacher und Roll, Beratungs- und Planungsgesellschaft für Fassadentechnik mbH, Tettnang
Dr.-Ing. Barbara Siebert	Dr. Siebert und Partner Beratende Ingenieure PartGmbB, München
Gerhard Weber B.B.A.	IFP-Weber GmbH & Co.KG Integrale Fassadenplanung, Argenbühl
Dipl.-Ing. Torsten Wiethoff	IWA Ing. Büro für Bauphysik und Fassadentechnik, Arnsberg

Allgemeines Vorwort zur AHO-Schriftenreihe

Eine für Auftraggeber und Auftragnehmer transparente und nachvollziehbare Honorarermittlung gibt Orientierung im Vergabeprozess, unterstützt die vertragliche Vereinbarung im Einzelfall und hilft damit nicht zuletzt, zeitaufwendige und kostenträchtige Streitfälle zu vermeiden. Honorare sollten daher systematisiert, nachvollziehbar und möglichst einheitlich ermittelt werden.

Auch nach dem Wegfall der verbindlichen Mindest- und Höchstsätze infolge eines Urteils des Europäischen Gerichtshofes im Jahr 2019 regelt die Honorarordnung für Architekten und Ingenieure (HOAI) mit ihrer Leitbildfunktion weiterhin die Maßstäbe und Grundlagen für die Berechnung von Honoraren für die von der HOAI erfassten Grundleistungen und bietet damit einen verlässlichen Orientierungsrahmen zur Kalkulation angemessener Honorare im Einzelfall.

Aber auch für Besondere Leistungen und Planungsleistungen, die nicht in der HOAI geregelt sind, besteht ein großes praktisches Bedürfnis an Empfehlungen zur systematischen Honorarermittlung. Der AHO hat es sich mit seinen Fachkommissionen und Arbeitskreisen zur Aufgabe gemacht, diese Lücke zu füllen. Seit 1987 werden die Beratungsergebnisse der mit Ingenieuren, Architekten und Stadtplanern interdisziplinär besetzten Arbeitsgremien in der „Grünen Schriftenreihe" veröffentlicht und erfreuen sich zunehmender Akzeptanz und Nachfrage auf Auftragnehmer- und Auftraggeberseite, nicht zuletzt, weil die Spezialisierung der Planung angesichts zunehmender Komplexität stetig steigt. Beispielsweise umfasst das breite Spektrum der mehr als 40 Hefte in der AHO-Schriftenreihe neben den klassischen HOAI-Leistungsbildern auch Honorierungsempfehlungen für Leistungen des bauordnungsrechtlichen Brandschutzes, der Baulogistik, des Projektmanagements oder der Verkehrsplanung.

Im Gegensatz zu den Grundleistungen gem. § 3 Abs. 1 HOAI, die in den einzelnen Leistungsbildern abschließend erfasst und deren Bewertungen in die Honorartafeln der HOAI eingeflossen sind, werden Besondere Leistungen in der HOAI zwar beispielhaft aufgeführt, jedoch weder näher definiert noch bewertet. § 3 Abs. 2 HOAI enthält lediglich den Hinweis, dass die Aufzählung der Besonderen Leistungen in der HOAI nicht abschließend ist.

Die Honorare für Besondere Leistungen können frei und formlos vereinbart werden. Besondere Leistungen können auch in anderen als den angeführten Leistungsbildern oder Leistungsphasen vereinbart werden, soweit sie dort keine Grundleistungen darstellen. In der AHO-Schriftenreihe werden Besondere Leistungen als Anwendungshilfe für Auftragnehmer und Auftraggeber in dem jeweiligen Einzelfall praxisnah beschrieben und regelmäßig aktualisiert. Diesen Leistungen werden, soweit dies möglich ist, unverbindliche Vorschläge zur Honorarkalkulation und Orientierung gegenübergestellt. Diese entfalten jedoch keine rechtliche Bindungswirkung. Die geschuldeten Planungsleistungen und deren Honorierung bestimmen sich ausschließlich nach der vertraglichen Vereinbarung im Einzelfall.

Vorwort

Die Gebäudehülle ist das entscheidende Funktionselement von Gebäuden mit hohem Gestaltungsanspruch. Die richtige Koordination der vielfältigen Funktionen erfordert besondere Fachkompetenz. Falsche oder unvollständige Umsetzung der Anforderungen führt zu erheblichen Fehlinvestitionen und Folgekosten. Anspruchsvolle Architektur setzt somit hohe technische Ingenieurkunst und Erfahrungen zur Erzielung wirtschaftlicher und funktionsgerechter Lösungen voraus.

Ziel

Ziel der Leistungen des Fachingenieurs für Fassadentechnik ist die technische, ganzheitliche Planung der Fassade, z.B. aus Metall und Glas, Holz, Kunststoff und Naturstein, sowie lichtdurchlässiger Dachkonstruktionen. Im Vordergrund steht hier der konstruktive Entwurf zwischen Natur und Umwelteinflüssen einerseits sowie Raum und Nutzungsbedingungen andererseits. Die Fassade beeinflusst maßgeblich die gesamte Funktion des Gebäudes hinsichtlich der Lebens- und Arbeitsbedingungen und der Unterhaltskosten. Sie stellt heute als multifunktionales Bauelement das Bauteil mit hohen Anforderungen an Funktion, Nachhaltigkeit, Reversibilität und Gestaltung dar.

Rückblick

In den 1950er-Jahren erfuhr die Bauwerkshülle aus Massivwand mit Lochfenstern einen Entwicklungsschub. Es entstand die leichte, nicht tragende Außenwand mit integriertem Fenster. Mit dieser leichten Außenwand – einer eigenständigen, alle bauphysikalischen Aufgaben übernehmenden Außenhaut – war ein neues, in wesentlichen Teilen vorkonfektioniertes Bauteil entstanden. Die Besonderheit moderner Fassaden besteht in der parallel zur Bauwerkserstellung möglichen Fertigung der elementierten Außenhülle in einem Herstellerwerk und nicht auf der Baustelle.

In den vergangenen Jahren hat das Bauen mit den verschiedensten Materialien, wie z.B. Metall und Glas, insbesondere im Objektbau die Bautechniken weiter maßgeblich beeinflusst. Bestrebungen nach ressourcenschonenden Bauweisen mit vorrangig recycelbaren Baustoffen und die Integration regenerativer Energiegewinnung haben inzwischen großen Einfluss auf die Gebäudehülle.

Die Fassade muss sich heute verschiedensten Ansprüchen anpassen und gleichfalls Umwelt-, Klima- sowie Nachhaltigkeitsanforderungen erfüllen.

Situation

Die Fassade und transparente Dachkonstruktionen als Grenzbereich zwischen Innen- und Außenraum sind heute weit mehr als ein witterungsschützender Raumabschluss. Aus dem ursprünglichen Witterungsschutz sind hochkomplexe, mehrschichtige Bauteile geworden, die Spezialwissen beispielsweise über Profiltechnik, selektive Beschichtungen der Verglasungen, Steuerungssensorik, Bauphysik und thermische Zusammenhänge erfordern. Die Fassade bestimmt wesentlich das Erscheinungsbild, die Behaglichkeit, die Wirtschaftlichkeit und damit die Qualität eines Bauwerks.

Sie muss sich den gestalterischen Anforderungen des Architekten sowie den individuellen Behaglichkeitsansprüchen des Nutzers anpassen und damit die Ansprüche an eine umwelt- und klimagerechte Konstruktion erfüllen. Bei der Fassade handelt es sich neben der Technischen Gebäudeausrüstung um eines der komplexesten Bauteile.

Neben dem Rohbau und der Technischen Gebäudeausrüstung gehört die Fassade zu den drei kostenintensivsten Gewerken. Somit ist die die Fassadentechnik ein wirtschaftlich bedeutendes Fachgebiet.

Aufgabenstellung

Durch heute immer umfangreicher und komplexer werdende Gesetze, Normen und Richtlinien, wie z.B. die Energieeffizienz-Richtlinie und das Gebäude-Energie-Gesetz (GEG), verbindlich seit November 2020, ferner durch die Euro-Normen und als Folge der technischen Entwicklungen, ist die Fachingenieurleistung für die Organisation und Berücksichtigung der Schnittstellen in der Gebäudehülle unabdingbar geworden.

Häufig wird noch davon ausgegangen, dass der Objektplaner sämtliche Leistungen zur Fassadenplanung allein erbringen muss. Es ist hierbei zu wenig im Bewusstsein, dass sich die moderne Außenwand grundsätzlich verändert hat und sich ständig weiterentwickelt. Fenster und Fassaden werden von Fachingenieuren entwickelt und in Leitdetails mit technischen Spezifikationen dargestellt und vom Ausführungsunternehmer in Werk- und Montageplanungen umgesetzt und schließlich nach Werkstattplänen im Werk gefertigt, um anschließend als selbsttragende Außenwand oder fertiges Fenster eingebaut zu werden.

Die Integration der vielfältigen Funktionen einer Fassade erfordert hohe technische Kreativität und fundiertes Wissen im Bereich der Bauphysik, Statik, des konstruktiven Ingenieurbaus sowie der Steuerungs- und Regelungstechnik zur Erzielung wirtschaftlicher und funktionsgerechter Lösungen mit digitalisierten Fertigungs- und Montageabläufen. Fachgerechte und verantwortungsvolle Fassadenplanung muss die klimatischen Einwirkungen ebenso berücksichtigen wie die Gebrauchstauglichkeit.

Unabhängige Fachingenieurleistung für Fassadentechnik

Die unterschiedlichsten Planungsteams, die Systemhersteller und Fassadenbaufirmen und die für diese in der Werk- und Montageplanung tätigen Konstruktionsbüros bieten heute den Objektplanern und Bauherren ihre Unterstützung an. Firmen- oder produktbezogene Beratungen und/oder Planungen können nur eingeschränkt unabhängig sein und erfordern deshalb mindestens eine vertragliche Planungshaftung.

Mit der vorgenannten Entwicklung einhergehend ist die Vielfalt der technischen Lösungen und Detailaspekte enorm gestiegen und für den Objektplaner kaum noch überschaubar. Die Fülle der am Markt verfügbaren Produkte, Komponenten und Systeme erfordert daher eine übergeordnete und insbesondere unabhängige Fachplanung. Von ebensolcher Bedeutung ist die Qualitätskontrolle bei der Umsetzung der Planung in die Ausführung.

Entsprechend der Bedeutung des Gewerkes Fassade ist die Einschaltung eines unabhängigen Fachingenieurs für die Fassaden angezeigt.

Die laufende Novellierung der HOAI lässt keine klare Abgrenzung der bisher integrierten Planungsleistung zur Leistung der Fassadentechnik erwarten, obwohl diese zu den maßgeblichen Planungsleistungen für die Funktion, Lebensdauer und Energieeffizienz eines Gebäudes gehört und als Wirtschaftsfaktor zwischen 15 und 30 % der Gebäudeinvestition beträgt. Deshalb ist es umso wichtiger, das Leistungsbild „Fachingenieurleistungen für die Fassadentechnik" in der Reihe der grünen Hefte des AHO zu definieren. Komplexe Fassaden und Fassadensanierungen sind „Besondere Leistungen", die eindeutig zusätzliche Fachingenieurleistungen zur Leistung der Objektplaner erfordern. Sie haben grundlegende Bedeutung für die Wirtschaftlichkeit und dauerhafte Wirksamkeit für die Umwelt, den Energiehaushalt und den Lebenszyklus.

Die Fassadenplanung bleibt hinsichtlich der Gestaltung des Objektes und seiner Besonderheiten selbstverständlich Leistung des Objektplaners. Die Leistung des Fachingenieurs für Fassadentechnik setzt vertiefend bereits bei der Entwurfsfassung der Fassadenplanung des Objektplaners ein.

Die Hinzuziehung des Fachingenieurs für Fassadentechnik durch einen weitsichtigen Bauherren bereits in der Vorplanung ermöglicht technisch und wirtschaftlich optimierte Fassadenkonstruktionen. In dieser frühen Planungsphase entscheidet sich z.B. die Ausbildung des Rohbaus hinsichtlich Stützenraster, Lastaufnahme, Brandschutz, Speicherkapazität und deren Auswirkung auf die Haustechnik. Durch die Statik ermittelte Baukörperbewegungen hängen wesentlich vom statischen Konzept des Rohbauers ab und erfordern jeweils andere Fassadensysteme, die bereits in der Vorplanung berücksichtigt werden müssen. Rechtzeitige Einbindung in die Planung der Fassade entscheidet über den Erfolg des gesamten Objektes. Fachplanung muss unabhängig sein und bedarf entsprechend einer darauf abgestimmten unabhängigen Beauftragung durch den Bauherren.

Die Leistungen des Objektplaners und des Tragwerkplaners werden durch die Beauftragung des Fachingenieurs für Fassadentechnik nicht eingeschränkt.

Die in diesem Heft beschriebenen Regelleistungen der Fassadenplanung setzen die vollständige Erbringung der Grundleistung durch den Objektplaner nach HOAI voraus.

Berlin, im August 2025

Hans-H. Zimmermann

– Leiter der AHO-Fachkommission „Fassadenplanung" –

Inhaltsverzeichnis

1 Einleitung

1.1 Regelungsnotwendigkeit

Leistungen des Fachingenieurs für Fassadentechnik sind die vertiefende, technische und konstruktive Planung von Fassaden und lichtdurchlässigen Dachflächen als eigenständige nicht tragende Bauteile. Bei diesen Planungen handelt es sich aufgrund der spezifischen Eigenschaften und Komplexität der Bauteile um über das übliche Maß hinausgehende, besondere Maßnahmen zur Gebäude- und Bauteiloptimierung, die einen zusätzlichen Honoraranspruch bewirken und nicht Bestandteil der Grundleistungen des Objektplaners und Tragwerksplaners nach HOAI sind.

Mit der Überarbeitung der Regeln des AHO-Heftes Nr. 28 „Fachingenieurleistungen für die Fassadentechnik" wird nunmehr ergänzend die Fassadenstatik im Anhang 1 „Tragwerksplanung Fassade vor Vergabe" aufgenommen.

Der Schwierigkeitsgrad der Fassadenplanung, der die Hinzuziehung eines entsprechenden Fachingenieurs erfordert, kann nach VDI 6203: 2017 ermittelt werden.

Beispiele hierfür sind:

- Fenster und Türen mit besonderen Anforderungen (z.B. Sonnen- und Blendschutz, Schallschutz, Sicherheit, Automatisierung)
- Tore mit besonderen Anforderungen
- Vorhangfassaden (Curtain Walls, z.B. Absturzsicherung, Vermeidung von Schalllängsleitung, begrünte Fassaden)
- Elementfassaden (z.B. vollständige Werkstattvorfertigung)
- Außenwandbekleidung mit besonderen Anforderungen (z.B. Schallabsorption und Schall- und Strahlungsreflexion, Begrünung, Photovoltaik, Behinderung der Brandausbreitung)
- Sonnenschutzanlagen und Beschattungseinrichtungen
- Glasdachkonstruktionen
- Wartungs- und Reinigungssysteme
- Sonderkonstruktionen, wie z.B. Medienfassaden, Membrankonstruktionen, radardämpfende Konstruktionen, Konstruktionen zur Energiegewinnung, Schallschutzkonstruktionen

Seit Einführung der HOAI haben trotz regelmäßiger Novellierungen wesentliche Leistungen keinen Eingang in die Honorarordnung gefunden bzw. wurden im Anwendungsbereich nicht ausreichend berücksichtigt. Seither haben sich jedoch die Anforderungen grundlegend erhöht. Besondere Anforderungen sind nicht mit dem üblichen Leistungsbild des Objektplaners abgedeckt. Zwangsläufig entstanden neue Fachgebiete mit zeitgemäßen Bauteilen und Bauarten, die neue Ingenieurleistungen erforderten. Eines dieser Fachgebiete ist die Fachingenieurleistung für die Fassade/Gebäudehülle.

Während Fachgebiete wie Tragwerksplanung der Primärkonstruktion und Technische Ausrüstung seit Langem Bestandteil der HOAI sind, fehlt die Disziplin der Fachingenieurleistungen für die Fassadentechnik, daher hat der AHO dieses Heft in die Schriftenreihe mit aufgenommen.

In der jetzt vorliegenden, aktuellen Veröffentlichung stellt der AHO das fortgeschriebene Leistungsbild „Fachingenieurleistungen für die Fassadentechnik" – Stand 2025 – mit einem Anhang zur Schnittstellendefinition zur Objektplanung vor.

Mit dieser 4. Auflage des AHO-Heftes Nr. 28 liegt ein Leistungsbild mit definierten Schnittstellen der im Planungsprozess Beteiligten vor. Weiterhin definiert die VDI-Richtlinie 6203 die Planungsanforderungen zur Fassadentechnik. Die Richtlinie dient der Einstufung des Schwierigkeitsgrades von Fassadenplanungen und ist so mit dem Leistungsbild nach diesem AHO-Heft Nr. 28 verbunden.

1.2 Abgrenzung zur HOAI

Bei den Leistungen des Fachingenieurs für Fassadentechnik handelt es sich um Beratungs- und Planungsleistungen für Fassadenkonstruktionen mit besonderen, insbesondere konstruktiv vertieften Anforderungen sowie optimiertem Zusammenwirken mit den bauphysikalischen, funktionalen und statischen Bedingungen in Ergänzung zum Leistungsbild des Objektplaners.

Die HOAI erfasst aus Sicht der Vergütung Planungsleistungen, die zur Errichtung eines Objektes im Allgemeinen notwendig sind.

Nicht zu diesen Leistungen gehören besondere fachspezifische, vertiefende Beratungs- und Planungsleistungen für Fassaden- und Glasdachkonstruktionen, wie sie in diesem Heft zusammengestellt sind.

Die Leistungen zur Fassadentechnik umfassen die Fachingenieurleistungen für die Fassade prüfend, ergänzend und vertiefend, begleitend zur Objektplanung.

Die Fachingenieurleistung zur Fassadentechnik umfasst typischerweise die unter Punkt 1.1 aufgeführten Konstruktionen/Fassadentypen eines Gebäudes.

Hierbei werden insbesondere die folgenden Leistungen durch den Fachingenieur für die Fassadentechnik in Abstimmung mit den Planungsbeteiligten und dem Auftraggeber erbracht:

- Konstruktive Umsetzung der Entwurfsidee des Objektplaners
- Untersuchung von Varianten zur Umsetzung der Entwurfsidee des Objektplaners
- Umsetzung und Auslegung der energetischen Anforderungen an die Fassade/Gebäudehülle
- Materialauswahl und Optimierung im Hinblick auf Wartung, Reinigung, Revision und Lebensdauer (Nachhaltigkeit)
- Kostenschätzung/-vergleich für alternative und unterschiedliche Material- und Konstruktionsvarianten
- Prüfen der Verwendbarkeit von Systemlösungen
- Anpassung von Systemlösungen auf die objektspezifischen Anforderungen ohne Veränderung der nachgewiesenen Eigenschaften

- Konstruktive Anpassung von Systemlösungen mit Veränderungen der nachgewiesenen Eigenschaften
- Objektspezifische Weiterentwicklung von Fassadenkonstruktionen
- Neuentwicklung von Fassadenkonstruktionen
- Optimierung der Energieeffizienz und der Behaglichkeitskriterien nach den Vorgaben des Bauphysikers/Fachplaners für technische Ausrüstung in Bezug auf die Fassadenkonstruktion bzw. den Sonnenschutz mit besonderen Anforderungen
- Beratung zu der Konstruktion und den Materialkomponenten im Hinblick auf Behaglichkeitskriterien und ökologische Aspekte
- Beratung zu Montagemöglichkeiten, Bauabläufen und Reparaturen sowie Revisionierbarkeit

Die Abwicklung der vorgenannten, beispielhaften Leistungen stellt eine „Besondere Leistung" bezogen auf die Grundleistungen der HOAI für die Objektplanung dar. Sie ist im Hinblick auf die Überprüfung der Objektplanung in technischer Hinsicht und bezüglich des Zusammenwirkens der unterschiedlichen Objektkomponenten grundsätzlich ergänzend zu beauftragen. Die im Anhang 2 der aktuellen Überarbeitung des AHO-Heftes Nr. 28 eingeführte Übersicht stellt wesentliche Schnittstellen zwischen den Leistungen des Objektplaners und des Fachplaners für Fassadentechnik dar.

2 Leistungsbild und Honorargrundlagen

2.1 Anwendungsbereich

Das Leistungsbild umfasst die nachfolgend näher bezeichneten Fachingenieurleistungen für die Beratung, Planung und Prüfung für neu zu erstellende, instand zu setzende oder zu erneuernde Teile der Fassade/Gebäudehülle inkl. deren maschinenbautechnischer und werkstattmäßig vorkonfektionierter Komponenten. Dies erfolgt ergänzend und vertiefend im Zusammenhang mit der Planungsleistung der Objektplaner und anderer an der Planung fachlich Beteiligter.

Die Leistungen betreffen insbesondere die Beratung zur Umsetzung gestalterischer, nutzungsabhängiger und energetischer Vorgaben, z.B. aus

- Gebäudekonstruktion/Rohbau,
- Brandschutz,
- sommerlichem Wärmeschutz,
- winterlichem Wärmeschutz,
- Feuchteschutz,
- Schallschutz,
- Belichtung,
- Belüftung,
- Luftdichtheit,
- Schlagregendichtigkeit,
- Korrosionsschutz,
- Sicherheitsanforderungen.

2.2 Leistungsbild und Leistungsumfang

Die Prozentsätze der in der nachfolgenden Tabelle 1 beschriebenen Anteile der Leistungen beruhen auf der zusammenhängenden Beauftragung der jeweiligen Leistungsstufen (Stufe 1, Stufe 2).

Sollte von einer zusammenhängenden Beauftragung der Leistungsstufen 1 und 2 abgesehen werden, bedarf es einer gesonderten schriftlichen Vereinbarung. Der dadurch entstehende zusätzliche Mehraufwand in der Leistungsstufe 2 ist gesondert zu vergüten.

Das Leistungsbild und der Leistungsumfang für die optionalen Leistungen zur Tragwerksplanung Fassade werden in Anhang 1 als Ergänzung zu den Leistungsbildern der Grundleistungen der HOAI beschrieben.

Leistungsstufe (LS)		Leistungsinhalte Kurztext zu den Leistungen	Leistungsanteil	Leistungsstufe
Fachingenieurleistungen ergänzend zu den Leistungen der Objektplanung gemäß HOAI § 34 Abs. 3 Lph 1 (Grundlagenermittlung) bis HOAI § 34 Abs. 3 Lph 4 (Genehmigungsplanung)				
1	1.1	• Beratung zur Festlegung der Grundkonzepte der Fassadenkonstruktionen	15 %	41 %
	1.2	• Beratung bei der Erarbeitung des Planungskonzeptes	26 %	
Fachingenieurleistungen während der und ergänzend zu den Leistungen der Objektplanung gemäß HOAI § 34 Abs. 3 Lph 5 (Ausführungsplanung) bis HOAI § 34 Abs. 3 Lph 8 (Objektüberwachung)				
2	2.1	• Zeichnerische Darstellung der Leitdetails	28 %	59 %
	2.2	• Erstellung der Konstruktionsbeschreibungen	10 %	
	2.3	• Beratung bei der Bewertung der Angebote	3 %	
	2.4	• Fachtechnische Planprüfung	18 %	

Tabelle 1: Prozentuale Zuordnung der Fachingenieurleistungen für die Fassadentechnik

Die Leistungsstufen bauen aufeinander auf und bedingen sich. Voraussetzung für die Durchführung der Leistungsstufe 1.2 ist die Durchführung der Leistungsstufe 1.1. Die Begründung liegt in

a) der grundsätzlich notwendigen Klärung der Aufgabenstellung, ohne die eine objektbezogene Planung nicht möglich ist;

b) der Übernahme der Gewährleistung des Fachingenieurs für Fassadentechnik für die Richtigkeit und Zweckmäßigkeit der in Phase 1.1 getroffenen Festlegungen.

Die einzelnen Leistungsstufen sind gemäß des beauftragten Leistungsbildes zusammenfassend zu dokumentieren.

Abweichungen vom Leistungsbild setzen vertragliche, schriftliche Vereinbarungen in Textform voraus.

3 Regelleistungen

Nachfolgend sind die wesentlichen Leistungen der einzelnen Leistungsstufen beschrieben. Vertiefende Informationen sind den Anhängen zu entnehmen.

3.1 Zu Leistungsstufe (LS) 1.1: Beratung zur Festlegung der Grundkonzepte der Fassadenkonstruktionen

- Ermitteln der Voraussetzungen für die fachtechnische Fassadenplanung zur Lösung der Bauaufgabe des Objektplaners unter Einbeziehung der Beiträge weiterer fachlich Beteiligter
- Klären der Zieldefinition mit dem Auftraggeber und dem Objektplaner/Ingenieur oder auch anderer fachlich Beteiligter, insbesondere in technischen und wirtschaftlichen Grundsatzfragen in Bezug auf die Fassadentechnik
- Übernehmen und Plausibilisieren der vom Objektplaner zur Verfügung zu stellenden und für die Fassadenentwicklung wesentlichen funktionalen, statischen, konstruktiven, technischen und bauphysikalischen Vorgaben und Randbedingungen
- Beratung des Auftraggebers und Objektplaners hinsichtlich der Erfüllung der Anforderungen aus der Gebäudenutzung
- Beratung des Auftraggebers und Objektplaners zur Erarbeitung des Fassadenkonzeptes hinsichtlich technischer Realisierbarkeit und Genehmigungsfähigkeit, Kosten und Wirtschaftlichkeit (bis zu drei Varianten der Hauptfassade/Regelfassade)
- Ermittlung von Richtpreisen zu den ausgewählten, wesentlichen Fassadentypen

3.2 Zu Leistungsstufe (LS) 1.2: Beratung bei der Ausarbeitung des Fassadenkonzeptes

- Beratung des Objektplaners bei der Ausarbeitung des Fassadenkonzeptes unter Berücksichtigung der Beiträge anderer an der Planung fachlich Beteiligter bis zum vollständigen Entwurf
- Darstellung der Ergebnisse aus Punkt 3.1 in Form von Skizzen (Grundsatzdetails mit geringer Detailtiefe)
- Unterstützung bei der Beschaffung von Handmustern und Abgabe von Empfehlungen zur Auswahl von Materialien, Oberflächen und Produkten
- Beratung des Auftraggebers und Objektplaners zu den Prinzipien der Fassadenreinigung und Wartung
- Ermittlung von Einheitspreisen maßgeblicher Fassadentypen (Kostenberechnung) für die Kostenermittlung durch den Objektplaner nach DIN 276
- Vordimensionierung der wesentlichen Fassadenprofile/Verglasungen. Ausgeschlossen sind besondere Konstruktionen wie Freiformen und Raumtragwerke etc.

3.3 Zu Leistungsstufe (LS) 2.1: Zeichnerische Darstellung der Leitdetails

- Die zeichnerische Darstellung der Fassadenkonstruktionen erfolgt in Form von Leitdetails (Maßstab 1:1), welche die grundsätzlichen Konstruktionstypen und damit die Ausführungsqualität sowie die Gewerkeschnittstellen definieren. Dieses erfolgt auf der Grundlage der abgeschlossenen Entwurfsplanung des Objektplaners (Leistung gemäß HOAI).
- Die zeichnerische Darstellung erfolgt in der Regel system- und produktneutral in stark vertiefter Detaillierung gegenüber der Entwurfsplanung des Objektplaners bezüglich Konstruktion, Befestigungen/Verankerungen, Wärmedämmung sowie innenseitiger und außenseitiger Abdichtungen unter Einbeziehung von objektspezifischen Rohbautoleranzen und vom Tragwerksplaner vorgegebenen Rohbauverformungen.
- Die Leitdetails sind Grundlage für die vom Objektplaner fortzuschreibende Ausführungsplanung und bilden die Grundlage der Leistungsbeschreibung in technischer und qualitativer Hinsicht. Sie werden vom Objektplaner mit genauer Bezeichnung in die Leistungsbeschreibung aufgenommen und werden als geschuldete Qualität in die Beschreibung der Positionen übernommen. Sie gelten für alle gleichartigen Konstruktionen und müssen maßlich vom Objektplaner auf die Typen gleicher Konstruktionsart angepasst werden. Sie bilden die Grundlage für die Kalkulation sowie für die vom Fassadenbauunternehmer eigenverantwortlich zu entwickelnde und zu erstellende Werk- und Montageplanung.
- Das Übergabeformat an den Projektplaner der Leitdetailplanung ist projektspezifisch zu vereinbaren.

3.4 Zu Leistungsstufe (LS) 2.2: Erstellung der Konstruktionsbeschreibungen

- Die Leitdetailplanung endet mit der textlichen Formulierung der Konstruktionsbeschreibungen der Fassadentypen und deren technischer und qualitativer Festlegungen.
- Die Erstellung der fachtechnischen Konstruktionsbeschreibungen zu den Leitdetails (LS 2.1) definiert die für die Lösung der Bauaufgabe erforderlichen Material- und Ausführungsqualitäten.

3.5 Zu Leistungsstufe (LS) 2.3: Beratung bei der Bewertung der Angebote

- Beratung bei der technischen Bewertung der Angebote
- Beratung und Teilnahme an technischen Vergabegesprächen mit maximal drei Bietern

3.6 Zu Leistungsstufe (LS) 2.4: Fachtechnische Planprüfung

- Fachtechnische Prüfung der nach dem Vertrag und der Vergabe- und Vertragsordnung für Bauleistungen (VOB) vom Ausführungsunternehmer zu liefernden Werk- und Montageplanung des bzw. der Ausführungsunternehmer in Ergänzung zur Prüfung der Gestaltung, der Maße, der Bauphysik und der Tragsicherheit durch die an der Planung fachlich Beteiligten. In der Regelleistung ist eine einmalige Planprüfung der Werk- und Montageplanung einschließlich einer einmaligen Wiedervorlage enthalten.
- Grundlage der fachtechnischen Planprüfung ist die Einhaltung der besonderen Konstruktions- und Qualitätsmerkmale der Konstruktionsbeschreibung und der Leitdetails.

4 Optionale Leistungen

Vorbemerkung

Die unter Punkt 3 genannten Leistungen sind Inhalt der unter Punkt 5 genannten Honorargrundlagen.

Es können weitere objektspezifische, optionale Leistungen vereinbart werden, die über die vorstehend beschriebenen Leistungen hinausgehen, wenn der Auftragnehmer (Fachingenieur für Fassadentechnik) diese anbietet.

Die in diesem Punkt 4 beschriebenen Leistungsinhalte sind exemplarisch und in jedem Einzelfall zwischen den Vertragsparteien schriftlich zu vereinbaren. Sie sind nicht zwingend auf die zugeordneten Leistungsstufen beschränkt.

Das Honorar und der Leistungsumfang für optionale Leistungen sind individuell zu vereinbaren und schriftlich zu benennen.

Die Teilnahme an regelmäßigen Besprechungen (Jours fixes) sind gesondert abzurechnen.

Die optionalen Leistungen zur Tragwerksplanung der Fassade sind Anhang 1 zu entnehmen.

4.1 Zu Leistungsstufe (LS) 1.1: Beratung zur Festlegung der Grundkonzepte der Fassadenkonstruktionen

- Gewerkübergreifende Analyse von besonderen Einzelaspekten der Gebäudeplanung (z.B. Temperaturverhältnisse und Schalleinflüsse in Abhängigkeit von unterschiedlichen Konstruktions- und Haustechnikkonzepten) in technischer, bauphysikalischer und wirtschaftlicher Hinsicht
- Aufstellen von Terminabläufen für die Fassade/Gebäudehülle
- Untersuchungen, Messungen und Berechnungen zu unterschiedlichen energiewirtschaftlichen Aspekten
- Prüfen und Werten von Bestandsunterlagen
- Bestandsaufnahmen für Fassadensanierungen (z.B. Instandhaltung, Modernisierung) und Umbauten
- Bewertung des Bestands und Ausarbeitung von Sanierungskonzepten

4.2 Zu Leistungsstufe (LS) 1.2: Beratung bei der Ausarbeitung des Fassadenkonzeptes

- Massenermittlung für die Kostenberechnung
- Ermittlung von Schnittkräften und Ankerlasten der Konstruktion (siehe Anhang 2)
- Fachingenieurleistungen zu einer vorgezogenen Musterfassade/Mock-up
- Bauphysikalische Berechnungen

- Thermische Simulationen, thermodynamische Strömungsanalysen und Strömungsversuche
- Erstellung von projektspezifischen 3-D-Prinzipzeichnungen einschließlich numerischer Attribute zur Übernahme in eine 3-D-Gebäudemodellierung (BIM-Level 1 oder höher)
- Fassadentechnische Berücksichtigung der Höhenzugangsplanung wie Befestigung und Integration von Führungsschienen und Leiteranlagen oder Persönliche Schutzausrüstung (PSA) bzw. Halteankern für Seilführungen
- Mitwirken bei Erstellung von detaillierten Reinigungs- und Wartungskonzepten
- Vorbereitung der Nachweise für geregelte und ungeregelte Bauprodukte und Vorbereitung der Zustimmung im Einzelfall (ZiE) und/oder vorhabenbezogene Bauartgenehmigung (vBG)
- Teilnahme bei Verhandlungen mit Behörden über die Genehmigungsfähigkeit
- Teilnahme an Versuchsdurchführungen

4.3 Zu Leistungsstufe (LS) 2.1: Zeichnerische Darstellung der Leitdetails

- Erstellung eines Tragsicherheitsnachweises für die Konstruktion, der über eine Vordimensionierung hinausgeht (siehe Anhang 2)
- Statische Dimensionierung von Ankerschienen und Ankerplatten und die Anfertigung entsprechender Einlegepläne (siehe Anhang 2)
- Detaillierte Berechnungen für einzelne Bauteile (z.B. Glasstatik; siehe Anhang 2)
- Fachtechnische Kontrolle der notwendigen Nachweise nach Landesbauordnung für geregelte und ungeregelte Bauprodukte
- Ausarbeitung eines detaillierten Montageablaufs und/oder einer detaillierten Montagelogistik für die Ausführung der Fassadenbauarbeiten
- Ausarbeitung von Grundlagen (Zeichnungen, Abklärungen etc.) für die Erstellung von Fassaden-Modellen oder Prototypen
- Projekt-Prinzipzeichnungen in 3-D-Darstellung

4.4 Zu Leistungsstufe (LS) 2.2: Erstellung der Konstruktionsbeschreibungen

- Erstellen alternativer Konstruktionsbeschreibungen

4.5 Zu Leistungsstufe (LS) 2.3: Beratung bei der Bewertung der Angebote

- Prüfung und fachtechnische Bewertung von Sondervorschlägen

4.6 Zu Leistungsstufe (LS) 2.4: Fachtechnische Planprüfung

- Fachtechnische Begleitung von Bemusterung und Prüfstandversuchen
- Mehrfachprüfungen der Werk- und Montageplanung, die über die Regelleistungen hinausgehen
- Prüfung und fachtechnische Bewertung von Sondervorschlägen
- Stichprobenartige Überprüfung der Bauleistung der ausführenden Firma auf Anforderung und in Begleitung der vom Auftraggeber autorisierten örtlichen Objektüberwachung
- Fachtechnische Begleitung von Prüfungen und Messungen
- Durchführung von Messungen nach vertraglicher Vereinbarung
- Durchführung von Kontrollen hinsichtlich der Fertigung im Werk der ausführenden Firma
- Prüfen und Werten von Nachträgen
- Fachtechnische Prüfung der von der ausführenden Firma zu erstellenden Objektdokumentation auf Vollständigkeit
- Ausarbeitung von Wartungsplänen

5 Honorargrundlagen

5.1 Grundlage

In der nachfolgend aufgeführten Tabelle ist das in der Regel auskömmliche Grundhonorar für 100 % der unter Punkt 3 beschriebenen Leistungen bei Aufwands- und Schwierigkeitsgrad SF 1,0 gemäß 5.2 Honorarstufe als Orientierungswerte aufgeführt.

Honorare für Fassadenkosten unter 3 Mio. € können allgemein mit 7,5 % bewertet werden, sind jedoch in Abhängigkeit des Schwierigkeitsgrades grundsätzlich individuell festzulegen und schriftlich zu vereinbaren. Honorare für Fassadenkosten ab 30,5 Mio. € werden durchgehend mit 2,5 % angesetzt.

Die Tabelle ergibt sich aus Erfahrungswerten vereinbarter Honorare, die für die beschriebenen Leistungen als angemessen gelten. Im Einzelfall werden die Honorare durch die Vertragspartner objektbezogen ermittelt und vertraglich nachvollziehbar vereinbart.

Basis jedes Honorarangebotes ist die Budgetierung des Auftraggebers, die für das Gewerk Fassade vorzugeben ist. Die endgültige Honorierung richtet sich nach einer eindeutigen vertraglichen Regelung, z.B. auf der Basis der Kostenberechnung.

Für zusätzliche Leistungen, die nach Zeithonorar abzurechnen sind, ist in Abhängigkeit der Aufgabenstellung ein Stundensatz von 140,00 bis 180,00 € netto angemessen.

Fassadenkosten netto [€]	Prozentsatz [%]	Honorar [€]
1.000.000	7,5	75.000
1.500.000	7,5	112.500
2.000.000	7,5	150.000
2.500.000	7,5	187.500
3.000.000	7,09	237.000
3.500.000	6,67	233.450
4.000.000	6,24	249.600
4.500.000	6,03	271.350
5.000.000	5,82	291.000
5.500.000	5,58	306.900
6.000.000	5,33	319.800
6.500.000	5,11	332.150
7.000.000	4,88	341.600
7.500.000	4,75	356.250
8.000.000	4,62	369.600
8.500.000	4,46	379.100

Fassadenkosten netto [€]	Prozentsatz [%]	Honorar [€]
9.000.000	4,29	386.100
9.500.000	4,20	399.000
10.000.000	4,10	410.000
10.500.000	4,00	420.000
11.000.000	3,90	429.000
11.500.000	3,77	433.550
12.000.000	3,71	445.200
12.500.000	3,61	451.250
13.000.000	3,51	456.300
13.500.000	3,45	465.750
14.000.000	3,38	473.200
14.500.000	3,29	477.050
15.000.000	3,25	487.500
15.500.000	3,22	499.100
16.000.000	3,19	510.400
16.500.000	3,16	521.400
17.000.000	3,12	530.400
17.500.000	3,06	535.500
18.000.000	2,99	538.200
18.500.000	2,96	547.600
19.000.000	2,93	556.700
19.500.000	2,90	565.500
20.000.000	2,86	572.000
20.500.000	2,83	580.150
21.000.000	2,80	588.000
21.500.000	2,77	595.550
22.000.000	2,73	600.600
22.500.000	2,72	612.000
23.000.000	2,70	621.000
23.500.000	2,68	629.800
24.000.000	2,67	640.800

Fassadenkosten netto [€]	Prozentsatz [%]	Honorar [€]
24.500.000	2,65	649.250
25.000.000	2,64	660.000
25.500.000	2,63	670.650
26.000.000	2,60	676.000
26.500.000	2,59	686.350
27.000.000	2,58	696.600
27.500.000	2,57	706.750
28.000.000	2,56	716.800
28.500.000	2,55	726.750
29.000.000	2,54	736.600
29.500.000	2,53	746.350
30.000.000	2,50	750.000

Tabelle 2: Mittelwert üblicher Honorare in % von den Fassadenkosten in Mio. € netto

5.2 Honorarstufen

5.2.1 Vorbemerkung

Den nachfolgenden Honorarstufen liegen einerseits Aufwandskriterien und Schwierigkeitsgrade und andererseits Haftungskriterien zugrunde.

Die Notwendigkeit der Einschaltung eines Fachingenieurs für Fassadentechnik kann ermittelt werden nach dem Schwierigkeitsgrad der Aufgabenstellung nach Bewertung gemäß der VDI-Richtlinie 6203.

Die anrechenbaren Kosten für die zu erbringende Leistung sind vom Auftraggeber zu benennen. Die Schlussrechnung wird bemessen nach den tatsächlich angefallenen Abrechnungssummen für die bearbeiteten Fassadenbauleistungen, die vom Auftraggeber zu belegen sind.

5.2.2 Honorarstufe 1

Fassadengruppen der Fassade/Gebäudehülle mit **durchschnittlichen** Planungsanforderungen

Schwierigkeitsfaktor SF = 1,0

5.2.3 Honorarstufe 2

Fassadengruppen der Fassade/Gebäudehülle mit **überdurchschnittlichen** Planungsanforderungen

Schwierigkeitsfaktor SF = 1,15

5.2.4 Honorarstufe 3

Fassadengruppen der Fassade/Gebäudehülle mit **sehr hohen** Planungsanforderungen

Schwierigkeitsfaktor SF = 1,3

5.3 Leistungen für Bauen im Bestand

Für Leistungen bei Umbauten und Modernisierungen für die Fassaden des Gebäudes gelten die Definitionen nach AHO-Heft Nr. 1 „HOAI – Planen und Bauen im Bestand. Arbeitshilfen zur Bestimmung der anrechenbaren Kosten aus mitzuverarbeitender Bausubstanz und des Zuschlags für Umbauten und Modernisierungen“ in der jeweils gültigen Fassung.

5.4 Berechnungsbeispiel

Anrechenbare Fassadenkosten (FK):	4,5 Mio. € netto
Honorarberechnungsfaktor gemäß Tabelle 2 (HK):	6,03 %
Honorarstufe 2 (SF):	1,15
Zuschlag für Leistungen für Bauen im Bestand (ZLB):	20 %

Formel:

100 % Honorar = (FK) x (HK) x (SF) x (ZLB)

100 % Honorar = 4,5 Mio. € netto (FK) x 0,0603 (HK) x 1,15 (SF) x 1,2 (ZLB)

100 % Honorar = 374.463,00 € netto

Anhang 1: Tragwerksplanung Fassade vor Vergabe

1 Regelungsnotwendigkeit

In der HOAI 2021 wird der Anwendungsbereich in § 49 Abs. 2 wie folgt definiert: „Das Tragwerk bezeichnet das statische Gesamtsystem der miteinander verbundenen, lastabtragenden Konstruktionen, die für die Standsicherheit von Gebäuden, Ingenieurbauwerken und Traggerüsten bei Ingenieurbauwerken maßgeblich sind." Leistungen zur Berechnung von Fassadenbauteilen, auch wenn es sich bei diesen durchaus um komplexe eigene Tragwerke handeln kann, sind darin nicht enthalten. Da die Fassade in der Regel zwar mit dem Tragwerk des Gebäudes interagiert, in der Regel aber keine unverzichtbare Funktion für die Standsicherheit des gesamten Gebäudes übernimmt, fällt sie nicht in die Regelung der Tragwerksplanung gemäß HOAI und ist gesondert zu regeln. Daher bezieht sich der folgende Text nur auf die Leistungen zum Leistungsbild Tragwerksplanung Fassade.

Fassaden, Fenster und hinterlüftete Bekleidungen müssen sicher bemessen sein für die zu erwartenden Einwirkungen.

Der Fachingenieur für Fassadentechnik klärt, ob für seine Planungen gemäß AHO-Heft Nr. 28 zusätzliche Leistungen eines Tragwerksplaners Fassade benötigt werden.

Basis für die Tragwerksplanung der Fassade sind die Fachingenieurleistungen für die Fassadentechnik.

Bei komplexen Fassaden ist eine enge Abstimmung des Fassadenfachingenieurs für die Fassadentechnik mit dem Tragwerksplaner Fassade notwendig.

Die statische Berechnung der nicht tragenden Fassadenelemente ist grundsätzlich erforderlich und durch den Prüfingenieur zu prüfen. Als bisher ungeregelte Leistung wurde sie deshalb hier als grundsätzliche Leistung für die Fassadenplanung mit Zuordnung zur Fassadenkonstruktion als eine der Planungsgrundlagen bei der Erstellung der Leitdetails aufgenommen. Hierbei gehört die statische Vorbemessung der Grundprofile der Fassaden als Regelleistung zum Leistungsbild des Fachingenieurs für Fassadentechnik. Alle darüber hinausgehenden statischen Berechnungen sind „Optionale Leistungen" nach diesem Anhang. Der prüfbare statische Nachweis der endgültig zu produzierenden Fassadenelemente ist Bestandteil der Leistung des Fassadenbauunternehmers.

Bei der Fachingenieurleistung der Tragwerksplanung für die Fassade handelt es sich um Besondere Leistungen zur Tragwerksplanung gemäß HOAI.

2 Leistungsbild vor Vergabe

Durch die Beauftragung eines Tragwerksplaners Fassade verändern sich die anrechenbaren Herstellkosten des Tragwerksplaners des statischen Gesamtsystems (nach § 50 HOAI 2021) nicht.

Prüffähige Nachweise vor Vergabe sind eine optionale Leistung des Tragwerksplaners Fassade. Zu den optionalen Leistungen des Tragwerksplaners Fassade gehören z.B.:

- Fassaden und Glasdachkonstruktionen mit komplexen Geometrien
- Sonderfassaden, z.B. Seilkonstruktionen, Freiformfassaden, 3-D-Konstruktionen, Membranfassaden, geklebte Konstruktionen
- Statisch unbestimmte Systeme, statisch komplexe Systeme, Faltwerke, Konstruktionen mit großen Spannweiten
- Bauen im Bestand mit komplexen Lasteinleitungen
- Komplexe Glasfassaden, z.B. punktgehalten, geklebt, übergroße Glasscheiben
- Ganzglasecken mit tragender Verklebung, Glasschwerter und Glasstützen
- Berechnungen nach Finite Elemente Methode (FEM)
- Ungeregelte Bauprodukte und Bauarten
- Mithilfe bei der Erarbeitung eines Nachweiskonzeptes für nicht geregelte, statisch relevante Bauarten zu Punkt 4.2 (vBG = vorhabenbezogenes Bauartgenehmigung; ZIE = Zustimmung im Einzelfall)
- Prüffähige Nachweise vor Vergabe

Die Nachweise erfolgen mit firmenneutralen Konstruktionen.

3 Honorar

Die Honorarkosten ermitteln sich objektspezifisch nach Aufwand.

4 Informativ: Prüfpflicht durch Prüfingenieur

Die Prüfpflicht von Fassadenkonstruktionen ist in den einzelnen Bundesländern nicht einheitlich geregelt. Es wird deshalb empfohlen, die statischen Nachweise der ausführenden Fassadenunternehmen generell vom Prüfingenieur prüfen zu lassen.

Die Ausführungsstatik und deren Prüfung sind nicht Gegenstand dieses Heftes.

Anhang 2: Schnittstellen der Leistungsbilder „Objektplanung Gebäude und Innenräume nach HOAI“ und „Fachingenieurleistungen für die Fassadentechnik“

Basis der Gegenüberstellung ist der Stand der HOAI, Ausgabe 2021.

Leistungsbild „Objektplanung Gebäude und Innenräume“	Zuordnung der Leistung	Leistungsbild „Fachingenieurleistungen für die Fassadentechnik“
Lph 1 Grundlagenermittlung a) Klären der Aufgabenstellung auf Grundlage der Vorgaben oder der Bedarfsplanung des Auftraggebers b) Ortsbesichtigung c) Beraten zum gesamten Leistungs- und Untersuchungsbedarf d) Formulieren der Entscheidungshilfen für die Auswahl anderer an der Planung fachlich Beteiligter e) Zusammenfassen, Erläutern und Dokumentieren der Ergebnisse	Der **Objektplaner** ermittelt nach VDI 6203 „Fassadentechnik Planungsanforderungen“ den Schwierigkeitsgrad der Fassadenplanung und sorgt beim Auftraggeber (Bauherren) für die rechtzeitige Hinzuziehung eines geeigneten Fachingenieurs für Fassadentechnik.	• Keine Leistungsstufe (LS) im Leistungsbild Fachingenieurleistungen Fassadentechnik • Keine Leistungen in dieser Leistungsphase

Bitte umblättern

Leistungsbild „Objektplanung Gebäude und Innenräume“	Zuordnung der Leistung	Leistungsbild „Fachingenieurleistungen für die Fassadentechnik“
Lph 2 Vorplanung a) Analysieren der Grundlagen, Abstimmen der Leistungen mit den fachlich an der Planung Beteiligten b) Abstimmen der Zielvorstellungen, Hinweisen auf Zielkonflikte c) Erarbeiten der Vorplanung, Untersuchen, Darstellen und Bewerten von Varianten nach gleichen Anforderungen, Zeichnungen im Maßstab nach Art und Größe des Objekts d) Klären und Erläutern der wesentlichen Zusammenhänge, Vorgaben und Bedingungen (z.B. städtebauliche, gestalterische, funktionale, technische, wirtschaftliche, ökologische, bauphysikalische, energiewirtschaftliche, soziale, öffentlich-rechtliche) e) Bereitstellen der Arbeitsergebnisse als Grundlage für die anderen an der Planung fachlich Beteiligten sowie Koordination und Integration von deren Leistungen f) Vorverhandlungen über die Genehmigungsfähigkeit g) Kostenschätzung nach DIN 276, Vergleich mit den finanziellen Rahmenbedingungen h) Erstellen eines Terminplans mit den wesentlichen Vorgängen des Planungs- und Bauablaufs i) Zusammenfassen, Erläutern und Dokumentieren der Ergebnisse	Der **Objektplaner** führt den Fachingenieur in die Planung ein und übergibt die fassadenrelevanten Vorgaben, einschließlich der Kostenschätzung für die Fassaden. Der **Fachingenieur Fassadentechnik** klärt die Voraussetzungen, die er zur Erfüllung seiner Leistung in gestalterischer, wirtschaftlicher, bauphysikalischer, haustechnischer und fassadentechnischer Hinsicht benötigt. Ebenso klärt er die Vorgaben für die Abwicklung des Projekts. Der **Fachingenieur Fassadentechnik** nimmt Einsicht in die Vorplanung, informiert sich beispielsweise über Budget, Zeitplan, Objektnutzung, Mieterbaubeschreibung, Baugenehmigung, Brandschutzgutachten, Schall-Immissionsgutachten, Wärmeschutznachweise, Bauteilkatalog, Sicherheitskonzept, Lüftungskonzept, thermodynamische Gutachten, statische und dynamische Rohbauverformungen, Windgutachten und Sondergutachten, die auch für die Fassade gelten. Der Objektplaner liefert die Grundlagen für die vom **Fachingenieur Fassadentechnik** in zeitlich abgestimmter Reihenfolge zu erstellenden **Planungsdokumente**. Der **Fachingenieur Fassadentechnik** liefert Daten, Fakten und fachbezogene Lösungsansätze im iterativen Prozess der Planungsbeteiligten zur Nutzung des Objektplaners in Lph 2.	**LS 1.1 Definieren der Aufgabenstellung in Zusammenarbeit mit dem Objektplaner** • Ermitteln der Voraussetzungen für die Fassadenplanung zur Lösung der Bauaufgabe des Objektplaners unter Einbeziehung der Kostenschätzung des Objektplaners und der Beiträge weiterer fachlich Beteiligter • Klären der Zieldefinition mit dem Auftraggeber und dem Objektplaner/Ingenieur oder auch anderer fachlich Beteiligter, insbesondere in technischen und wirtschaftlichen Grundsatzfragen • Einholen der für die Fassadenentwicklung wesentlichen funktionalen, statischen, konstruktiven, technischen und bauphysikalischen Vorgänge und Randbedingungen • Beratung des Auftraggebers und Objektplaners hinsichtlich der Erfüllung besonderer Nutzungsbedingungen • Beratung des Auftraggebers und Objektplaners bei der Erarbeitung des Planungskonzeptes hinsichtlich Realisierbarkeit und Genehmigungsfähigkeit, Kosten und Wirtschaftlichkeit

Leistungsbild „Objektplanung Gebäude und Innenräume“	Zuordnung der Leistung	Leistungsbild „Fachingenieurleistungen für die Fassadentechnik“
	Der **Fachingenieur Fassadentechnik** stellt beispielweise zur Verfügung: Daten, Fakten und Ideen zur Findung des Planungs- und Ausführungsziels, verschiedene firmenunabhängige Fassadenkonzepte bzgl. Bauart und Baubarkeit, Oberfläche, Sicherheit, Bauphysik, Statik, Raumklima, Nachhaltigkeit, Wirtschaftlichkeit, Genehmigungsfähigkeit, überschlägliche Zeiterfordernis und **Grobkosten-Kennwerte** für die Fassade. Der **Fachingenieur Fassadentechnik** ermittelt Vor- und Nachteile verschiedener Varianten als Endscheidungshilfe. Der **Objektplaner** ermittelt die Massen und Gesamtkosten für die Fassadenarbeiten auf Basis der vom **Fachingenieur Fassadentechnik** angegebenen Einheitspreise (Kostenschätzung) und übernimmt die Beiträge des **Fachingenieurs Fassadentechnik** in die Zusammenfassung und Dokumentation der Leistungsphase.	• Untersuchungen von Lösungsmöglichkeiten (bis zu drei Varianten) einschließlich Aussagen zu Wirtschaftlichkeit und Abhängigkeiten zu angrenzenden Gewerken • Ermittlung von Einheitspreisen wesentlicher Fassadentypen (Kostenschätzung) für die Kostenermittlung durch den Objektplaner nach DIN 276

Leistungsbild „Objektplanung Gebäude und Innenräume“	Zuordnung der Leistung	Leistungsbild „Fachingenieurleistungen für die Fassadentechnik“
Lph 3 Entwurfsplan a) Erarbeiten der Entwurfsplanung unter weiterer Berücksichtigung der wesentlichen Zusammenhänge, Vorgaben und Bedingungen (z.B. städtebauliche, gestalterische, funktionale, technische, wirtschaftliche, ökologische, soziale, öffentlich-rechtliche) auf der Grundlage der Vorplanung und als Basis für die weiteren Leistungsphasen und die erforderlichen öffentlich-rechtlichen Genehmigungen unter Verwendung der Beiträge anderer an der Planung fachlich Beteiligter. Zeichnungen nach Art und Größe des Objekts im erforderlichen Umfang und Detaillierungsgrad unter Berücksichtigung aller fachspezifischen Anforderungen, z.B. bei Gebäuden im Maßstab 1:100 oder bei Innenräumen im Maßstab 1:50 bis 1:20 b) Bereitstellen der Arbeitsergebnisse als Grundlage für die anderen an der Planung fachlich Beteiligten sowie Koordination und Integration von deren Leistungen c) Objektbeschreibung d) Verhandlungen über die Genehmigungsfähigkeit e) Kostenberechnung nach DIN 276 und Vergleich mit der Kostenschätzung, Fortschreiben des Terminplans f) Zusammenfassen, Erläutern und Dokumentieren der Ergebnisse	Der **Objektplaner** übergibt dem Fachplaner sukzessive die Fortschreibung der Vorplanung im Entwurf für die Fassaden Der **Fachingenieur Fassadentechnik** erarbeitet aufbauend auf den Ergebnissen der Vorplanung die benötigen fassadentechnischen Daten zur Erfüllung des Entwurfes aus gestalterischer, wirtschaftlicher, bauphysikalischer, haustechnischer, fassadentechnischer Sicht. Der **Fachingenieur Fassadentechnik** entwickelt geeignete **Fassadenkonzepte** mit oder ohne Systembindung in Abhängigkeit von den Grundlagen und Festlegungen der Vorentwurfsplanung und der hierin vorgegebenen Kosten und erarbeitet vertiefende Daten und Fakten zur Findung des Planungs- und Ausführungsziels, verschiedene firmenunabhängige Fassadenkonzepte bzgl. Bauart und Baubarkeit, Oberfläche, Sicherheit, fassadenspezifischer Bauphysik, fassadenspezifischer Statik, Nachhaltigkeit, Wirtschaftlichkeit, Genehmigungsfähigkeit, elementspezifischer Zeiterfordernis für Fertigung und Montage und Kosten. Der **Fachingenieur Fassadentechnik** ermittelt Vor- und Nachteile verschiedener Varianten als Endscheidungshilfe. Der **Fachingenieur Fassadentechnik** berät bei der Erstellung des Reinigungskonzeptes.	**LS 1.2 Beratung bei der Erarbeitung des Planungskonzeptes** • Beratung des Objektplaners bei der Erarbeitung des Planungskonzeptes hinsichtlich der Umsetzung der fachspezifischen Anforderungen und der Beiträge anderer an der Planung fachlich Beteiligter bis zum vollständigen Entwurf • Skizzenhafte Darstellung der Beratungsinhalte • Beratung zur Vorauswahl von Handmustern und Empfehlungen zur Auswahl von Materialien, Oberflächen und Produkten mit Festlegung von Rückstellmustern, die der späteren Vergleichbarkeit mit der Ausführung dienen • Beratung des Auftraggebers und Objektplaners zu Reinigungskonzepten • Ermittlung von Einheitspreisen aller maßgeblichen Fassadentypen (Kostenberechnung) für die Kostenermittlung durch den Objektplaner nach DIN 276

Leistungsbild „Objektplanung Gebäude und Innenräume“	Zuordnung der Leistung	Leistungsbild „Fachingenieurleistungen für die Fassadentechnik“
	Der **Fachingenieur Fassadentechnik** berät bei der Auswahl der Handmuster. Der **Fachingenieur Fassadentechnik spezifiziert** die Leistungsdaten der Fassade und ihrer Bauteile. Der **Fachingenieur Fassadentechnik** fasst die Entwurfsplanung zur Fassade in Skizzenform und Text als Zuarbeit für die **Zusammenstellung** des Architekten und der übrigen Fachingenieure, z.B. Bauphysik, Haustechnik, Statik, zusammen. Der **Objektplaner** ermittelt die Kosten auf Basis der Angaben des **Fachingenieurs Fassadentechnik** und übernimmt seine Beiträge in die Zusammenfassung und Dokumentation der Leistungsphase.	

Leistungsbild „Objektplanung Gebäude und Innenräume"	Zuordnung der Leistung	Leistungsbild „Fachingenieurleistungen für die Fassadentechnik"
Lph 4 Genehmigungsplanung a) Erarbeiten und Zusammenstellen der Vorlagen und Nachweise für öffentlich-rechtliche Genehmigungen oder Zustimmungen einschließlich der Anträge auf Ausnahmen und Befreiungen sowie notwendiger Verhandlungen mit Behörden unter Verwendung der Beiträge anderer an der Planung fachlich Beteiligter b) Einreichen der Vorlagen c) Ergänzen und Anpassen der Planungsunterlagen, Beschreibungen und Berechnungen	Entfällt	• Keine Leistungsstufe (LS) im Leistungsbild Fachingenieurleistungen Fassadentechnik • Keine Leistungen in dieser Leistungsphase

Leistungsbild „Objektplanung Gebäude und Innenräume“	Zuordnung der Leistung	Leistungsbild „Fachingenieurleistungen für die Fassadentechnik“
Lph 5 Ausführungsplanung a) Erarbeiten der Ausführungsplanung mit allen für die Ausführung notwendigen Einzelangaben (zeichnerisch und textlich) auf der Grundlage der Entwurfs- und Genehmigungsplanung bis zur ausführungsreifen Lösung als Grundlage für die weiteren Leistungsphasen b) Ausführungs-, Detail- und Konstruktionszeichnungen nach Art und Größe des Objekts im erforderlichen Umfang und Detaillierungsgrad unter Berücksichtigung aller fachspezifischen Anforderungen, z.B. bei Gebäuden im Maßstab 1:50 bis 1:1 oder bei Innenräumen im Maßstab 1:20 bis 1:1 c) Bereitstellen der Arbeitsergebnisse als Grundlage für die anderen an der Planung fachlich Beteiligten sowie Koordination und Integration von deren Leistungen d) Fortschreiben des Terminplans e) Fortschreiben der Ausführungsplanung aufgrund der gewerkeorientierten Bearbeitung während der Objektausführung f) Überprüfen erforderlicher Montagepläne der vom Objektplaner geplanten Baukonstruktionen und baukonstruktiven Einbauten auf Übereinstimmung mit der Ausführungsplanung Hinweis zu f): Die entsprechenden Leistungen des Fachingenieurs Fassadentechnik erfolgen zeitlich nach der Vergabe in Lph 8 nach LS 2.4.	Der **Fachingenieur Fassadentechnik** erstellt vertiefende Leitdetails auf der Grundlage der Ausführungsplanung des Objektplaners im Maßstab 1:1 soweit erforderlich (abhängig vom beauftragten Leistungsbild) hinsichtlich Umsetzbarkeit/ Plausibilität des gewählten Designs. Die Leitdetails sind die fachtechnischen, zeichnerischen Ergänzungen und Vertiefungen der Konstruktionsbeschreibung. Vertiefte Schnittstellenfestlegung zur Objektplanung, verfeinerte Bauteil-Klassifizierung 1. Grundkonstruktionen ergänzt mit Sonderprofilen, kombiniert zu firmenneutralen, wirtschaftlich optimierten Sonderlösungen. Fassaden als Sonderkonstruktionen mit Neuprofilen, z.B. Elementfassaden, Medienfassaden, Zweite-Haut-Fassaden, Radarabsorbierende Fassaden, Erdbebensichere Fassaden, Glasdächer, Glasfassaden, Seilgespannte Fassaden (Netwalls), Freiform-Konstruktionen, 3-D-Fassaden, Close-Cavity-Fassaden, Null-Energie-Fassaden, Fassaden mit integrierter Haustechnik, Brandschutzkonstruktionen, Kastenfensterkonstruktionen, Verbundfensterlösungen, „wärmebrückenfreie“ hinterlüftete Fassaden, Kalt-Warm-Konstruktionen, Reinraumfassaden mit raumseitigem Unter- und Überdruck sowie sonstige Sonderkonstruktionen und Systementwicklung, Mithilfe bei Zulassungsverfahren	**LS 2.1 Zeichnerische Darstellung der Leitdetails** • Die zeichnerische Darstellung der Fassadenkonstruktionen erfolgt in Form von Leitdetails (Maßstab 1:1 in zweidimensionaler Darstellung), welche die grundsätzlichen, wesentlichen Konstruktionstypen und damit die Ausführungsqualität sowie die Gewerkeschnittstellen definieren, auf der Grundlage der Ausführungsplanung des Objektplaners (Leistung gemäß § 34 HOAI). • Die zeichnerische CAD-Darstellung erfolgt in der Regel system- und produktneutral in stark vertiefter Detaillierung gegenüber der Ausführungsplanung des Objektplaners bezüglich Konstruktion, Befestigungen/Verankerungen, Wärmedämmung sowie innenseitiger und außenseitiger Abdichtungen unter Einbeziehung von objektspezifischen Rohbautoleranzen sowie Rohbauverformungen. • Die Leitdetails sind Grundlage der fortzuschreibenden Ausführungsplanung und Ausschreibung für den Objektplaner. Sie bilden die Grundlage für die Kalkulation sowie für die vom Fassadenbauunternehmer eigenverantwortlich zu entwickelnde und zu erstellende Werkstatt- und Montageplanung. Sie definieren die für die Lösung der Bauaufgabe erforderlichen Material- und Ausführungsqualitäten.

Leistungsbild „Objektplanung Gebäude und Innenräume“	Zuordnung der Leistung	Leistungsbild „Fachingenieurleistungen für die Fassadentechnik“
	2. Bauelemente in Sondergrößen 3. Fassaden bei kompliziertem Rohbau mit großen dynamischen Verformungen und Schwingungen 4. Anschlüsse und Verankerungen mit besonderen Anforderungen an Tragwerksplanung, Sicherheitstechnik, Linearer Wärmeverluste mit kleinen Ψ-Werten, „Wärmebrückenfreie“ Anschlüsse, Schallschutzanschlüsse mit größeren statischen Verformungen aus Rohbau und Konstruktion, besondere Anforderungen durch Bi-Metalleffekte, große Toleranzanforderungen, Planung thermisch toleranzgerechter Anschlüsse, Dichtigkeitsanforderungen bis Taifun-Belastung und Dilationen bei großen Stützweiten 5. Komplexe Sicherheitstechnik, Einbruchshemmung, Beschusshemmung, Sprengwirkungshemmung 6. Sonderkonstruktionen aus Lamellen und Rahmenkonstruktionen, kraftbetätigte Fenster, Türen und Tore 7. Vorbemessung der statisch notwendigen Profile, Ausfachungselemente und Verankerungen der Bauelemente nach Wind- und Eigenlast, Druckbemessung und Stabilitätsbemessung der Fassaden, Ankernischenplanung, Entwicklung von Sonderankern 8. Planung von energieerzeugenden Bauelementen	• Die Leitdetailplanung endet mit der textlichen Formulierung der Konstruktionsbeschreibung der Fassadentypen und deren technischer und qualitativer Festlegungen. Das Übergabeformat an den Projektplaner der Leitdetailplanung ist projektspezifisch zu vereinbaren.

Leistungsbild „Objektplanung Gebäude und Innenräume“	**Zuordnung der Leistung**	**Leistungsbild „Fachingenieurleistungen für die Fassadentechnik“**
	9. Konstruktionen mit komplexem Isothermen-Verlauf und Optimierungen von Wärmebrücken 10. Konstruktive Auslegung von Bauelementen mit komplexen Schallschutzanforderungen in puncto Transmission und Schall-längsdämmung 11. Planen von Fassadenkonstruktionen, z.B. aus metallischen oder organischen oder künstlichen Werkstoffen sowie aus mineralischen Werkstoffen 12. Planen komplexer Sonnenschutz- und Blendschutzanlagen bis zur Windwiderstandsklasse 5 und „Sichtkontakt nach außen“ bis zur Klasse 2 13. Festlegung komplexer Beschichtungs- und Korrosionsschutzklassen auch unter Sonderkonditionen am Meer, im Wasser und unter Industrieatmosphäre 14. Vertiefende Beratung für die Erstellung eines Reinigungskonzeptes durch den Objektplaner, z.B. auch mit Befahranlagen 15. Planen und Beraten nach den Anforderungen aus Bauordnung, Arbeitsstättenverordnung oder dem Stand und den Regeln der Technik unter Nutzung der besonderen Erfahrung des Fachingenieurs der Fassadentechnik Der Objektplaner übernimmt die Planungsergebnisse des **Fachingenieurs Fassadentechnik** in die Ausführungsplanung.	

Leistungsbild „Objektplanung Gebäude und Innenräume"	Zuordnung der Leistung	Leistungsbild „Fachingenieurleistungen für die Fassadentechnik"
Lph 6 Vorbereitung der Vergabe a) Aufstellen eines Vergabeterminplans b) Aufstellen von Leistungsbeschreibungen mit Leistungsverzeichnissen nach Leistungsbereichen, Ermitteln und Zusammenstellen von Mengen auf der Grundlage der Ausführungsplanung unter Verwendung der Beiträge anderer an der Planung fachlich Beteiligter c) Abstimmen und Koordinieren der Schnittstellen zu den Leistungsbeschreibungen der an der Planung fachlich Beteiligten d) Ermitteln der Kosten auf der Grundlage vom Planer bepreister Leistungsverzeichnisse e) Kostenkontrolle durch Vergleich der vom Planer bepreisten Leistungsverzeichnisse mit der Kostenberechnung f) Zusammenstellen der Vergabeunterlagen für alle Leistungsbereiche	Der **Fachingenieur Fassadentechnik** liefert die fachtechnischen Konstruktionsbeschreibungen einschließlich ZTV (Zusätzliche Technische Vertragsbedingungen) auf Basis der Leitdetails, der geltenden Vorschriften und der anerkannten Regeln der Technik, mit der Klassifikation der einzelnen Bauprodukte sowie Festlegung der Schnittstellen zu anderen Gewerken. Im Unterschied zur bisherigen Regelung muss der **Objektplaner** die genehmigungsfähige Verwendbarkeit des Bauproduktes am Gebäude, z.B. durch Aufführen der notwendigen Leistungsmerkmale, in der Ausschreibung definieren. Der **Objektplaner** übernimmt die Angaben des **Fachingenieurs Fassadentechnik** in die Leistungsbeschreibungen mit Leistungsverzeichnissen, ermittelt die Mengen und erstellt ein bepreistes Leistungsverzeichnis auf der Basis der Einheitspreisermittlung des **Fachingenieurs Fassadentechnik** aus der LS 1.2.	**LS 2.2 Erstellung der Konstruktionsbeschreibungen** Erstellung von fachtechnischen Konstruktionsbeschreibungen mit allen für die Ausführungsplanung, Ausschreibung und Vergabe erforderlichen technischen Angaben zu den Leitdetails. Nicht beinhaltet ist die Massenermittlung zur Verwendung in der vom Objektplaner zu erstellenden Leistungsbeschreibung nach HOAI.

Leistungsbild „Objektplanung Gebäude und Innenräume“	Zuordnung der Leistung	Leistungsbild „Fachingenieurleistungen für die Fassadentechnik“
Lph 7 Mitwirkung bei der Vergabe a) Koordinieren der Vergaben der Fachplaner b) Einholen von Angeboten c) Prüfen und Werten der Angebote einschließlich Aufstellen eines Preisspiegels nach Einzelpositionen oder Teilleistungen, Prüfen und Werten der Angebote zusätzlicher und geänderter Leistungen der ausführenden Unternehmen und der Angemessenheit der Preise d) Führen von Bietergesprächen e) Erstellen der Vergabevorschläge, Dokumentation des Vergabeverfahrens f) Zusammenstellen der Vertragsunterlagen für alle Leistungsbereiche g) Vergleichen der Ausschreibungsergebnisse mit den vom Planer bepreisten Leistungsverzeichnissen oder der Kostenberechnung h) Mitwirken bei der Auftragserteilung	Der **Fachingenieur Fassadentechnik** erhält den Preisspiegel und **ggf. auch die fachtechnischen Hinweise der Bieter**. Der **Fachingenieur Fassadentechnik** erstellt die fachtechnische Bewertung der vom Objektplaner vorgeprüften und infrage kommenden Angebote auf Basis der Ausschreibung. Der **Fachingenieur Fassadentechnik** nimmt an einem technischen Vergabegespräch (Aufklärungsgespräch) mit den infrage kommenden Bietern teil und wirkt bei der Erstellung eines Vergabevorschlags mit.	**LS 2.3 Beratung bei der Bewertung der Angebote** • Beratung bei der technischen Bewertung der Angebote • Beratung und Teilnahme am Vergabegespräch mit maximal drei Bietern

Leistungsbild „Objektplanung Gebäude und Innenräume“	Zuordnung der Leistung	Leistungsbild „Fachingenieurleistungen für die Fassadentechnik
Lph 8 Objektüberwachung		**LS 2.4 Planprüfung**
a) Überwachen der Ausführung des Objektes auf Übereinstimmung mit der öffentlich-rechtlichen Genehmigung oder Zustimmung, den Verträgen mit ausführenden Unternehmen, den Ausführungsunterlagen, den einschlägigen Vorschriften sowie mit den allgemein anerkannten Regeln der Technik b) Überwachen der Ausführung von Tragwerken mit sehr geringen und geringen Planungsanforderungen auf Übereinstimmung mit dem Standsicherheitsnachweis c) Koordinieren der an der Objektüberwachung fachlich Beteiligten d) Aufstellen, Fortschreiben und Überwachen eines Terminplans (Balkendiagramm) e) Dokumentation des Bauablaufs (z.B. Bautagebuch) f) Gemeinsames Aufmaß mit den ausführenden Unternehmen g) Rechnungsprüfung einschließlich Prüfen der Aufmaße der bauausführenden Unternehmen h) Vergleich der Ergebnisse der Rechnungsprüfungen mit den Auftragssummen einschließlich Nachträgen i) Kostenkontrolle durch Überprüfen der Leistungsabrechnung der bauausführenden Unternehmen im Vergleich zu den Vertragspreisen j) Kostenfeststellung, z.B. nach DIN 276	Der Auftragnehmer Fassade liefert die Werk- und Montageplanung für die vertraglich geschuldeten Leistungen. Der **Fachingenieur Fassadentechnik** führt die fachtechnische Prüfung durch und kommentiert die Werk- und Montageplanung des ausführenden Fassadenbau-Unternehmers hinsichtlich der Erfüllung der vertraglich geschuldeten Qualitäten und reicht die Prüfergebnisse an den **Objektplane**r zur weiteren Prüfung weiter. Der Auftragnehmer (Fenster-, Fassadenbauunternehmer) korrigiert, wenn nötig, die Planunterlage und legt diese erneut zur Prüfung vor. Der **Fachingenieur Fassadentechnik** und der **Objektplaner** prüfen final. Baustellenkontrollen erfolgen durch die hierfür beauftragte Bauleitung, **nicht** durch den **Fachingenieur für Fassadentechnik**. Soweit nach vertraglicher Vereinbarung in Ergänzung und Unterstützung zur Bauleitung des Objektplaners der Fachingenieur Fassadentechnik hinzugezogen wird, so erfolgt dies in der Regel zu Beginn der jeweiligen Montage eines Fassadentyps und bezieht sich nicht auf das gesamte Objekt, sondern ausschließlich auf die Umsetzung der in der Werkstatt- und Montageplanung getroffenen Festlegungen und auf die tatsächlich **besichtigten Bereiche**.	Fachtechnische Prüfung der nach VOB zu liefernden Werk- und Montageplanung des Ausführungsunternehmers bzw. Ausführungsunternehmens auf der Grundlage der Leitdetails und der Konstruktionsbeschreibung in Ergänzung zur Prüfung der Gestaltung, der Maße, der Bauphysik und der Tragsicherheit durch die an der Planung fachlich Beteiligten (in der Regelleistung ist eine einmalige Planprüfung der Werk- und Montageplanung einschließlich einer einmaligen Wiedervorlage enthalten).

Leistungsbild „Objektplanung Gebäude und Innenräume“	**Zuordnung der Leistung**	**Leistungsbild „Fachingenieurleistungen für die Fassadentechnik**
k) Organisation der Abnahme der Bauleistungen unter Mitwirkung anderer an der Planung und Objektüberwachung fachlich Beteiligter, Feststellung von Mängeln, Abnahmeempfehlung für den Auftraggeber l) Antrag auf öffentlich-rechtliche Abnahmen und Teilnahme daran m) Systematische Zusammenstellung der Dokumentation sowie der zeichnerischen und rechnerischen Darstellungen n) Übergabe des Objekts o) Auflisten der Verjährungsfristen für Mängelansprüche p) Überwachen der Beseitigung der bei der Abnahme festgestellten Mängel		

Anhang 3: Glossar

Die nachfolgenden Begriffe erläutern die in diesem Heft verwendeten Fachbegriffe. Sie erheben keinen Anspruch auf Vollständigkeit und auf Übereinstimmung mit allen im Bausektor verwendeten gebräuchlichen Begriffen.

Zu den Schnittstellen zwischen den Leistungen des Objektplaners Gebäude und Innenräume und des Fachplaners für die Fassadentechnik verweisen wir auf Anhang 2 dieses Heftes.

Ausführungsplanung

Ausführungsplanung ist die Leistung des Objektplaners gemäß HOAI Lph 5, die durch die Regelleistungen des Fachingenieurs für Fassadentechnik gemäß AHO-Heft Nr. 28 „Fachingenieurleistungen für Fassadentechnik – Leistungsbild und Honorierung" ergänzt und vertieft wird. Die Ausführungsplanung wird in die Werk- und Montageplanung des Unternehmers integriert.

Fachtechnische Prüfung der Werk- und Montageplanung

Die fachtechnische Prüfung der nach VOB von der ausführenden Firma zu liefernden Werk- und Montageplanung stellt die Kontrolle der korrekten Umsetzung der Vorgaben des Fachingenieurs Fassadentechnik und des Leistungsverzeichnisses dar. Diese Prüfung erfolgt in Ergänzung zur Prüfung der Vorgaben des Objektplaners und/oder den anderen Planungsbeteiligten.

Die Prüfung der Werk- und Montageplanung muss Folgendes beinhalten:

- Prüfvermerk des Fachingenieurs für Fassadentechnik auf den Werk- und Montageplänen der vom Fassadenbauunternehmer zu liefernden Pläne in technischer Hinsicht in Ergänzung zur Prüfung des Objektplaners und der am Planungsverfahren Beteiligten zur Weiterleitung an den Objektplaner und Prüfung und Freigabe durch den Bauherrn oder den von ihm schriftlich beauftragten Objektplaner
- Anmerkungen zu Abweichungen von den Vorgaben
- Hinweise auf weitere Vorgehensweisen (z.B. nicht prüffähig, zur Wiedervorlage, kein Einspruch seitens des Prüfers)

Freigabe

Die Freigabe der Werk- und Montagepläne des Fassadenbauunternehmers erfolgt durch den Bauherrn/Auftraggeber (AG) oder den von ihm beauftragten Objektplaner.

Konstruktionsbeschreibung

Die Konstruktionsbeschreibung ist eine fachlich vertiefende, textliche Beschreibung der zu bearbeitenden Fassadenkonstruktionstypen mit den für die Ausführungsplanung, Ausschreibung und Vergabe erforderlichen technischen Angaben in Ergänzung zur Planung der Leitdetails und der Qualitätsfestlegungen zur Vertiefung der Ausführungsplanung und Ausschreibung des Objektplaners.

Die Übergabe erfolgt in der Regel als Word-/PDF-Dokument zur Übernahme durch den Objektplaner in die Vergabeunterlagen/Leistungsbeschreibungen.

Eine Konstruktionsbeschreibung muss Folgendes beinhalten:

- Verwendbarkeitsbedingungen
- Beschreibung des statischen Systems bzw. der statischen Systeme
- Objektbezogene Toleranzfestlegungen
- Bauphysikalische Kennwerte (z.B. in Bezug auf den winterlichen/sommerlichen Wärmeschutz, Sonnenschutz, Schallschutz)
- Sonstige bauphysikalische Anforderungen, z.B. Luft- und Schlagregendichtheit der Konstruktionen
- Brandschutztechnische Eigenschaften
- Sicherheitstechnische Eigenschaften
- Material- und Oberflächenqualitäten
- Funktionsanforderungen
- Gebrauchstauglichkeitsanforderungen

Konstruktionszeichnung

Die Konstruktionszeichnung ist eine Leistung des Fassadenunternehmers und beinhaltet:

- Konstruktions- und Bauart
- Funktionsebenen innerhalb der Konstruktionsgeometrie
- Profilgeometrie abhängig von Material, Statik und Bauphysik
- Art und Ort der Lastabtragung
- Baukörperanschlüsse abhängig von Schallschutz, Brandschutz, Wärmeschutz, Dichtigkeit etc.
- Toleranz- und Bewegungsaufnahme
- Schnittstellenangaben zu anderen Gewerken

Leistungsbeschreibung

Die Leistungsbeschreibung ist eine Leistung nach HOAI (Vorbereitung der Vergabe, Lph 6 der HOAI). Die Leistungsbeschreibung wird auf Basis der Ausführungsplanung des Objektplaners unter Verwendung der Leitdetails und der Konstruktionsbeschreibung erstellt.

Der Aufsteller der Leistungsbeschreibung hat die Leistung so eindeutig und umfassend zu beschreiben, dass alle Unternehmen die Beschreibung im gleichen Sinne verstehen müssen und ihre Preise sicher und ohne umfangreiche Vorarbeiten berechnen können.

Leitdetail

Das Leitdetail ist die zeichnerische Darstellung des ausgewählten technischen Lösungsvorschlags durch den Fachingenieur für Fassadentechnik. Es erfolgt für die wesentlichen

Fassadentypen eines Objektes und bildet die Konstruktionsvorlage für alle technisch gleichartigen Elemente. Damit sind in der Regel die Fassadenkonstruktionstypen gemeint, welche die objektspezifisch maßgebenden Fassadenqualitäten und -kosten bestimmen. Es setzt die Anforderungen des Bauherrn und des Objektplaners unter Berücksichtigung von Funktionalität, Wirtschaftlichkeit, Gestaltung und Nachhaltigkeit in ein technisches Detail um.

Die Leitdetailplanung, die Konstruktionsbeschreibung und die Ausführungsplanung des Objektplaners werden Bestandteil der Leistungsbeschreibung.

Die Übergabe erfolgt in der Regel in Form von PDF-Dokumenten. Darüber hinausgehende Formate bedürfen der individuellen Vertragsfestlegung. Die Darstellung abweichender Formate sonst gleicher Konstruktionen und Aufteilungen erfolgt im Rahmen der Ausführungsplanung.

Lösungsmöglichkeiten/Planungskonzepte

Die Beratungsleistung zu Lösungsmöglichkeiten erfolgt als vergleichende Variantenuntersuchung hinsichtlich Realisierbarkeit, Genehmigungsfähigkeit, Kosten und Wirtschaftlichkeit. Dabei werden Rückwirkungen auf angrenzende Gewerke im Grundsatz einbezogen. Darauf aufbauend entstehen die Planungskonzepte für die nachfolgende Entwurfsplanung.

Musterfassade

Eine Musterfassade ist die dem späteren Original entsprechende Darstellung der Planung im Maßstab 1:1. Als Mock-up kann sie ein Vorführmodell sein, an dem die Geometrie und die farbliche Gestaltung der geplanten Fassade oder eines Teils der geplanten Fassade beurteilt und festgelegt werden.

Musterfassaden werden geplant und angefertigt, um Entwurf und Gestaltung (optische Musterfassade) zu überprüfen oder/und als Referenzmuster zu dienen. Alle wesentlichen Elemente und Verbindungen sind im Detail an der Musterfassade darzustellen.

Bei der optischen Musterfassade sind alle gestalterisch relevanten Details erkennbar auszuführen (Material, Farbe, Geometrie, Oberfläche). Abhängig von den Anforderungen an die Musterfassade können im Einzelfall je nach Abstimmung architektonisch wichtige, aber technisch nebensächliche Proportionen simuliert werden. Bei der Referenzmusterfassade sind alle vertragsrelevanten Eigenschaften durch den Auftragnehmer für die Musterfassade nachweisbar auszuführen. Die Referenzfassade ist bei der Objektfassade uneingeschränkt umzusetzen („so wie"). Sollen Abweichungen zwischen Referenzfassade/Referenzmusterfassade möglich sein, so sind diese eindeutig schriftlich und zeichnerisch zu definieren.

Neu entwickelte Fassadenkonstruktionen sind vor ihrem Einbau als technische Musterfassaden mit Originalprofilen, Dichtungen, Gläsern und allen technischen Einzelheiten herzustellen und in geeigneten Prüfständen nach der Produktnorm zu prüfen.

Ziel der Musterfassade ist, die zwischen der ausführenden Firma und dem Auftraggeber vereinbarte Beschaffenheit und das vertraglich vereinbarte Leistungssoll zu überprüfen.

Referenzmuster sind bis zur Abnahme der entsprechenden Originale vorzuhalten.

Planprüfung

Mit Planprüfung wird die Überprüfung der Werk- und Montageplanung des Ausführungsunternehmers gemeint, die er dem Auftraggeber und dessen Bevollmächtigen gemäß VOB vorlegen muss, um diesem die Möglichkeit zu geben, vor der Serienfertigung und dem Einbau der Fassadenelemente die Übereinstimmung mit den Vorgaben zu überprüfen und die Abhängigkeiten zu Nachbargewerken und die Arbeitsabläufe beurteilen zu können.

Prüfstandversuch

Überprüfung der Erreichung des vertraglich vereinbarten Leistungssolls an einem Prototyp des Originals.

Die Erfüllung der bauphysikalischen Anforderungen ist durch die ausführende Firma mithilfe von Prüfzeugnissen bzw. sonstigen Nachweisen zu dokumentieren. Werden Prüfzeugnisse ähnlicher Konstruktionen von der ausführenden Firma vorgelegt, so ist die Erfüllung der Anforderungen anhand einer Prüfung im Prüfstand durch die ausführende Firma nachzuweisen oder durch den Prüfer als gleichwertig zu bescheinigen.

Prüfungen nach der Bauproduktenverordnung sind ausschließlich in zugelassenen, zertifizierten Prüfstellen durchzuführen.

Skizze

Skizzen sind die unmaßstäblichen, prinzipiellen Darstellungen der Lösungsansätze. Die Darstellung der Lösungsmöglichkeiten erfolgt in Form von Skizzen, z.B. Handzeichnungen und/oder CAD-Entwürfen, unter Umständen mit stichpunktartigen fachtechnischen sowie funktionalen Beschreibungen inklusive bauphysikalischer Orientierungswerte.

Sonderlösung

Eine Sonderlösung zeichnet sich dadurch aus, dass sie objektspezifisch auf das Bauvorhaben mit besonderen Eigenschaften auf der Basis neuester wissenschaftlicher Erkenntnisse ohne ausreichende praxisbezogene Erfahrungswerte zugeschnitten ist. Die Planung von Sonderlösungen bedarf der schriftlichen Vereinbarung mit dem Auftraggeber unter Hinweis auf die Abweichung von den anerkannten Regeln der Technik und deren mögliche Folgen.

Systemlösung

Eine Systemlösung zeichnet sich dadurch aus, dass sie wissenschaftlich erforscht ist, von der Industrie in Serie hergestellt wird und für die Mehrheit der Baubeteiligten als für die zu lösende Bauaufgabe als richtig anerkannt ist.

UBF – Unabhängige Berater für Fassadentechnik e.V.

Zusammenschluss von unabhängigen Fachingenieuren für Fassadentechnik, die in der Regel ergänzend und parallel zur „Objektplanung Gebäude und Innenräume" Fassaden planen und deren spezifische Anforderungen definieren. Sie müssen von ausführenden Firmen unabhängig sein und dürfen in Bezug auf das zu planende oder zu begutachtende Objekt keine wirtschaftlichen Interessen an der Umsetzung und den beteiligten Unternehmen besitzen.

Nr. 12 **Arbeitshilfen zur Vereinbarung von Ingenieurverträgen für die Bearbeitung von Generalentwässerungsplänen (GEP)**
ISBN 978-3-8462-0437-5, 2. Auflage 2014, 14,80 €

Nr. 13 **HVA F-StB – Handbuch für die Vergabe und Ausführung von freiberuflichen Leistungen im Straßen- und Brückenbau –, Stand April 2019 mit Teilausgabe April und Juli 2019**
Entwurf zur Fortschreibung des HVA F-StB, Ausgabe 2021
Benutzerhinweise des AHO *
ISBN 978-3-8462-1368-1, 2. Auflage 2021, 32,80 €

Nr. 14 **Tafelfortschreibung Erweiterte Honorartabellen – §§ 20.1, 21.1, 28.1, 29.1, 30.1, 31.1, 32.1, 35.1, 40.1, 44.1, 48.1, 52.1, 56.1, Anlage 1, Nr. 1.1 und 1.2**
ISBN 978-3-8462-0710-9, 3. Auflage 2016, 21,80 €

Nr. 15 **Leistungen nach der Baustellenverordnung** *
ISBN 978-3-8462-1401-5, 3. Auflage 2022, 16,80 €

Nr. 17 **Leistungen für den bauordnungsrechtlichen Brandschutz** *
ISBN 978-3-8462-1477-0, 4. Auflage 2022, 24,80 €

Nr. 18 **Planungsbereich „Baufeldfreimachung/Rückbau"**
ISBN 978-3-8462-0234-0, 2. Auflage 2014, 14,80 €

Nr. 19 **Ergänzende Leistungsbilder im Projektmanagement für die Bau- und Immobilienwirtschaft** *
ISBN 978-3-8462-0049-0, 2. Auflage 2018, 41,80 €

Nr. 20 **Abgrenzung der Vergütung von Freianlagen und Verkehrsanlagen nach der HOAI 2013** *
ISBN 978-3-8462-0825-0, 3. Auflage 2019, 24,80 €

Nr. 21 **Interdisziplinäre Leistungen zur Wertoptimierung von Bestandsimmobilien**
ISBN 978-3-89817-632-3, 2006, 28,80 €

Nr. 22 **Interdisziplinäres Projektmanagement für PPP-Hochbauprojekte**
ISBN 978-3-89817-645-3, 2006, 28,80 €

Nr. 23 **Wärmeschutz und Energiebilanzierung** *
ISBN 978-3-8462-1435-0, 3. Auflage 2022, 16,80 €

Nr. 24 **Planung von Lichtsignalanlagen** *
ISBN 978-3-8462-1436-7, 2. Auflage 2022, 16,80 €

Nr. 25 **Leistungen für Baulogistik** *
ISBN 978-3-89817-947-8, 2011, 14,80 €

Nr. 26 **Planungsleistungen im Bereich der Oberflächennahen Geothermie**
ISBN 978-3-89817-958-4, 2011, 14,80 €

Ausschuss der Verbände und Kammern
der Ingenieure und Architekten
für die Honorarordnung e.V.

Veröffentlichungen in der Schriftenreihe des AHO

Weitere Informationen und Bestellungen unter www.aho.de/schriftenreihe.
Die mit * gekennzeichneten Titel sind auch als Onlineversionen erhältlich.

Nr. 1 **Planen und Bauen im Bestand – Arbeitshilfen zur Bestimmung der anrechenbaren Kosten aus mitzuverarbeitender Bausubstanz und des Zuschlags für Umbauten und Modernisierungen ***
ISBN 978-3-8462-0990-5, 2. Auflage 2018, 32,80 €

Nr. 2 **Örtliche Bauüberwachung bei Ingenieurbauwerken und Verkehrsanlagen ***
ISBN 978-3-8462-0431-3, 2014, 14,80 €

Nr. 3 **Besondere Leistungen bei der Tragwerksplanung und Erläuterungen zu den Grundleistungen – Besondere Leistungen zur HOAI 2021 Teil 4 Abschnitt 1, § 51 mit Anlage 14 ***
ISBN 978-3-8462-1355-1, 6. Auflage 2021, 32,80 €

Nr. 4 **Besondere Leistungen bei der Planung von Objekten der Wasser- und Abfallwirtschaft nach Teil 3 Abschnitt 3, § 41 HOAI 2013 ***
ISBN 978-3-8462-0824-3, 3. Auflage 2017, 16,80 €

Nr. 5 **Verkehrsplanerische Leistungen – Leistungsbeschreibung mit Honorarvorschlag ***
ISBN 978-3-8462-0768-0, 2. Auflage 2018, 24,80 €

Nr. 6 **Besondere Leistungen bei der Planung von Anlagen der Technischen Ausrüstung nach Teil 4 Abschnitt 2, Anlage 15, Nr. 15.1 HOAI 2013 ***
ISBN 978-3-8462-0317-0, 3. Auflage 2014, 14,80 €

Nr. 7 **Besondere Leistungen bei der Planung von Ingenieurbauwerken nach Teil 3 Abschnitt 3 – § 41 Nr. 6 (konstruktive Ingenieurbauwerke für Verkehrsanlagen) und Nr. 7 (sonstige Einzelbauwerke, ausgenommen Gebäude und Freileitungsmaste) HOAI 2013 ***
ISBN 978-3-8462-0436-8, 2. Auflage 2015, 14,80 €

Nr. 8 **Untersuchungen zum Leistungsbild und zur Honorierung für den Planungsbereich „Altlasten"**
ISBN 978-3-89817-914-0, 2. Auflage 2010, 21,80 €

Nr. 9 **Projektmanagement in der Bau- und Immobilienwirtschaft – Standards für Leistungen und Vergütung ***
ISBN 978-3-8462-1623-1, 6. Auflage 2025, 48,80 €

Nr. 10 **GIS-Dienstleistungen – Leistungsphasen nach Fachthemen mit Honorarzonen und Honorartafeln ***
ISBN 978-3-8462-1434-3, 2. Auflage 2022, 24,80 €

Nr. 11 **Leistungen Building Information Modeling – Die BIM-Methode im Planungsprozess der HOAI ***
ISBN 978-3-8462-1002-4, 2019, 24,80 €

Mitgliedsorganisationen im AHO

Verbände

abv Arbeitskreis Beratende Ingenieure – Vermessung – im BDB Baden-Württemberg

BAB Berufsverband freischaffender Architekten und Bauingenieure e.V.

BDB Bund Deutscher Baumeister, Architekten und Ingenieure e.V.

BDG Berufsverband Deutscher Geowissenschaftler e.V.

BDK Bundesverband Deutscher Baukoordinatoren e.V.

BDVI Bund der Öffentlich bestellten Vermessungsingenieure e.V.

BVPI Bundesvereinigung der Prüfingenieure für Bautechnik e.V.

BVS Bundesverband öffentlich bestellter und vereidigter sowie qualifizierter Sachverständiger e.V.

DVP Deutscher Verband für Projektmanagement in der Bau- und Immobilienwirtschaft e.V.

IGVB Ingenieurverband Geoinformation und Vermessung Bayern e.V.

UBF Unabhängige Berater für Fassadentechnik e.V.

VBI Verband Beratender Ingenieure

VDI Verein Deutscher Ingenieure e.V.

VDR Verband der Restauratoren e.V.

VDV Verband Deutscher Vermessungsingenieure e.V.

VIV Verband der Ingenieurbüros für Verkehrstechnik e.V.

V.S.G.K. Verband der Sicherheits- und Gesundheitsschutzkoordinatoren Deutschlands e.V.

Kammern

Architektenkammer Baden-Württemberg

Architektenkammer der Freien Hansestadt Bremen

Architektenkammer Sachsen

Architektenkammer Thüringen

Architekten- und Ingenieurkammer Schleswig-Holstein

Architekten- und Stadtplanerkammer Hessen

Baukammer Berlin

Bayerische Architektenkammer

Bayerische Ingenieurekammer-Bau

Brandenburgische Ingenieurkammer

Hamburgische Ingenieurkammer-Bau

Ingenieurkammer Baden-Württemberg

Ingenieurkammer-Bau Nordrhein-Westfalen

Ingenieurkammer der Freien Hansestadt Bremen

Ingenieurkammer des Saarlandes

Ingenieurkammer Hessen

Ingenieurkammer Mecklenburg-Vorpommern

Ingenieurkammer Niedersachsen

Ingenieurkammer Rheinland-Pfalz

Ingenieurkammer Sachsen

Ingenieurkammer Sachsen-Anhalt

Ingenieurkammer Thüringen

Außerordentliche Mitglieder

BDA Bund Deutscher Architektinnen und Architekten

bdia bund deutscher innenarchitekten e.V.

bdla Bund Deutscher Landschaftsarchitekten

SRL Vereinigung für Stadt-, Regional- und Landesplanung e.V.

VFA Vereinigung Freischaffender Architekten Deutschlands e.V.

Ausschuss der Verbände und Kammern
der Ingenieure und Architekten
für die Honorarordnung e.V.

Der AHO – Tradition und gewachsene Kompetenz

Der AHO Ausschuss der Verbände und Kammern der Ingenieure und Architekten für die Honorarordnung e.V. ist der Zusammenschluss von 44 Ingenieur- und Architektenorganisationen zur Vertretung und Koordination der Honorar- und Wettbewerbsinteressen von Ingenieuren und Architekten.

Die Facharbeit des AHO wird in themenbezogen zusammengestellten Arbeitsgremien von hochqualifizierten Ingenieuren und Architekten ehrenamtlich geleistet. Im Mittelpunkt stehen die Diskussionen von Grundsatzfragen zum Honorar- und Wettbewerbsrecht, die Weiterentwicklung der bestehenden Leistungsbilder der Verordnung über die Honorare für Architekten- und Ingenieurleistungen (Honorarordnung für Architekten und Ingenieure – HOAI) sowie die Erarbeitung neuer Leistungsbilder. Beratungsergebnisse aus den einzelnen Arbeitsgremien werden in der Schriftenreihe des AHO als Praxishilfe für Auftragnehmer und Auftraggeber veröffentlicht.

Mitgliedsorganisationen im AHO

Verbände

abv Arbeitskreis Beratende Ingenieure – Vermessung – im BDB Baden-Württemberg

BAB Berufsverband freischaffender Architekten und Bauingenieure e.V.

BDB Bund Deutscher Baumeister, Architekten und Ingenieure e.V.

BDG Berufsverband Deutscher Geowissenschaftler e.V.

BDK Bundesverband Deutscher Baukoordinatoren e.V.

BDVI Bund der Öffentlich bestellten Vermessungsingenieure e.V.

BVPI Bundesvereinigung der Prüfingenieure für Bautechnik e.V.

BVS Bundesverband öffentlich bestellter und vereidigter sowie qualifizierter Sachverständiger e.V.

DVP Deutscher Verband für Projektmanagement in der Bau- und Immobilienwirtschaft e.V.

IGVB Ingenieurverband Geoinformation und Vermessung Bayern e.V.

UBF Unabhängige Berater für Fassadentechnik e.V.

VBI Verband Beratender Ingenieure

VDI Verein Deutscher Ingenieure e.V.

VDR Verband der Restauratoren e.V.

VDV Verband Deutscher Vermessungsingenieure e.V.

VIV Verband der Ingenieurbüros für Verkehrstechnik e.V.

V.S.G.K. Verband der Sicherheits- und Gesundheitsschutzkoordinatoren Deutschlands e.V.

Kammern

Architektenkammer Baden-Württemberg

Architektenkammer der Freien Hansestadt Bremen

Architektenkammer Sachsen

Architektenkammer Thüringen

Architekten- und Ingenieurkammer Schleswig-Holstein

Architekten- und Stadtplanerkammer Hessen

Baukammer Berlin

Bayerische Architektenkammer

Bayerische Ingenieurekammer-Bau

Brandenburgische Ingenieurkammer

Hamburgische Ingenieurkammer-Bau

Ingenieurkammer Baden-Württemberg

Ingenieurkammer-Bau Nordrhein-Westfalen

Ingenieurkammer der Freien Hansestadt Bremen

Ingenieurkammer des Saarlandes

Ingenieurkammer Hessen

Ingenieurkammer Mecklenburg-Vorpommern

Ingenieurkammer Niedersachsen

Ingenieurkammer Rheinland-Pfalz

Ingenieurkammer Sachsen

Ingenieurkammer Sachsen-Anhalt

Ingenieurkammer Thüringen

Außerordentliche Mitglieder

BDA Bund Deutscher Architektinnen und Architekten

bdia bund deutscher innenarchitekten e.V.

bdla Bund Deutscher Landschaftsarchitekten

SRL Vereinigung für Stadt-, Regional- und Landesplanung e.V.

VFA Vereinigung Freischaffender Architekten Deutschlands e.V.

Ausschuss der Verbände und Kammern
der Ingenieure und Architekten
für die Honorarordnung e.V.

Der AHO – Tradition und gewachsene Kompetenz

Der AHO Ausschuss der Verbände und Kammern der Ingenieure und Architekten für die Honorarordnung e.V. ist der Zusammenschluss von 44 Ingenieur- und Architektenorganisationen zur Vertretung und Koordination der Honorar- und Wettbewerbsinteressen von Ingenieuren und Architekten.

Die Facharbeit des AHO wird in themenbezogen zusammengestellten Arbeitsgremien von hochqualifizierten Ingenieuren und Architekten ehrenamtlich geleistet. Im Mittelpunkt stehen die Diskussionen von Grundsatzfragen zum Honorar- und Wettbewerbsrecht, die Weiterentwicklung der bestehenden Leistungsbilder der Verordnung über die Honorare für Architekten- und Ingenieurleistungen (Honorarordnung für Architekten und Ingenieure – HOAI) sowie die Erarbeitung neuer Leistungsbilder. Beratungsergebnisse aus den einzelnen Arbeitsgremien werden in der Schriftenreihe des AHO als Praxishilfe für Auftragnehmer und Auftraggeber veröffentlicht.

Werkstatt- und Fertigungsplanung

Werkstatt- und Fertigungspläne sind interne Pläne der ausführenden Firmen für die Bearbeitung und Fertigung der Fassadenkonstruktionen.

Die Werkstatt- und Fertigungspläne der ausführenden Unternehmen sowie die Prüfung dieser Pläne sind nicht Gegenstand dieses Heftes.

VFF Merkblatt VOB.02

Werkstatt-, Montageplanung und Dokumentation – Umfang und Ausführung, hrsg. vom Verband Fenster + Fassade, Frankfurt/Main. Die hierin genannten Bezeichnungen müssen nicht identisch mit den in AHO-Heft Nr. 28 genannten sein. Soweit Abweichungen bestehen, muss der Ausführungsunternehmer eine Klärung mit dem Fachingenieur vornehmen.

VFT – Verband für Fassadentechnik e.V.

Der VFT ist ein Zusammenschluss von Fachplanern, die in der Regel die Werk- und Montageplanung und/oder die Werkstattplanung im Metall- und Fassadenbau übernehmen.

Werk- und Montageplanung

Die Werk- und Montageplanung wird vom ausführenden Unternehmen erstellt und muss alle Angaben enthalten, die der Auftraggeber benötigt, um die Übereinstimmung mit den vertraglichen Vereinbarungen und gesetzlichen Vorschriften überprüfen zu können. Sie muss ferner alle Angaben und alle Anbindungen an angrenzende Gewerke enthalten, die es dem Objektplaner erlauben, die Richtigkeit der Art, Lage und Maße der Bauteile zu beurteilen.

Diese beinhaltet z.B.

- alle Angaben, die zur Montage und für die Nachvollziehbarkeit der Montageabläufe für die Fassadenkonstruktionen erforderlich sind,
- Toleranzangaben innerhalb und außerhalb der Konstruktionen,
- Oberflächen- und Materialeigenschaften,
- Korrosionsschutzangaben,
- prüffähige statische Tragsicherheitsnachweise,
- prüffähige Nachweise zu allen bauphysikalischen Kennwerten,
- Schnittstellen zu angrenzenden Gewerken,
- alle notwendigen Maßangaben der Konstruktionsbauteile in Bezug auf angrenzende Gewerke und Bauachsen,
- maßstäbliche und vermasste Fassadenansichten,
- maßstäbliche und vermasste Detailschnitte,
- Öffnungsart und Öffnungsrichtung,
- Angaben zu Glasaufbau, zu Glasbeschichtungen (Glasoptik) und zu Glastypen,
- technische Angaben zu allen anderen Ausfachungselementen,
- technische Funktionsnachweise und Beschlagausführungen,
- Angaben zum Blitzschutz,
- Schutzmaßnahmen während der Bauausführung,
- Angaben zum Brandschutz,
- Angaben zu Einbruch- und Beschusshemmung.